Jasmin Hirnich
Anja Miller-Beigl

Miteinander zum guten Benehmen

Softskills und Umgangsformen für Schule und Beruf
praktisch und lebensnah

Auer

Quellennachweis

Seite 23:
Foto 1 (links oben): Giving a handshake at school, Antonio Diaz, www.fotolia.com
Foto 2 (rechts oben): Child kissing her grandma, Phovoir, www.shutterstock.com
Foto 3 (links, Mitte): Builder welcoming apprentice, Phovoir, www.shutterstock.com
Foto 4 (rechts, Mitte): Successful Business Executives Shaking Hands With Each Other, Rido, www.shutterstock.com
Foto 5 (links unten): Happy couple hugging in a train station after arrival, Antonio Guillem, www.shutterstock.com
Foto 6 (rechts unten): Smiling doctor at the clinic giving an handshake to his patient, healthcare and professionalism concept, Stokkete, www.shutterstock.com

Seite 32:
Der Abdruck der Zitate erfolgt mit freundlicher Genehmigung durch die VG Wort, München

Seite 35:
© Wolfgang Mattes: Methoden für den Unterricht, Schöningh Verlag, 2011, S. 192.

Seite 52:
Der Abdruck der Zitate erfolgt mit freundlicher Genehmigung durch die VG Wort, München

Seite 74:
John Bell, Maniac, 1999 © John Bell, www.johnbellart.com

Gedruckt auf umweltbewusst gefertigtem, chlorfrei gebleichtem und alterungsbeständigem Papier.

2. Auflage 2020

Covergestaltung: anette forsch konzeption und design, Berlin
Illustrationen: Julia Flasche, Steffen Jähde, Corina Beurenmeister, Anne Nitzer
Satz: fotosatz griesheim GmbH
Druck und Bindung: Korrekt Nyomdaipari Kft
ISBN 978-3-403-**07943**-9

www.auer-verlag.de

Inhaltsverzeichnis

Warum dieses Buch entstand

Als Lehrerinnen an mehreren Mittelschulen, die in vielen Dienstjahren unterschiedlichste Schüler kennenlernen durften, stellten wir immer wieder fest, dass ein angenehmes Klima zwischen allen Schülern nicht selbstverständlich ist. Es herrscht bisweilen ein rauer Umgangston unter den Schülern, die Sauberkeit im Schulhaus und im Klassenzimmer lässt zu wünschen übrig, tägliche Diskussionen um schiere Selbstverständlichkeiten (Hausschuhe, Kaugummi, Handys) zermürben und kosten Zeit, Kraft und Nerven.
Die Schulen und ihre Lehrkräfte haben unterschiedliche Strategien entwickelt, um diesen Problemen zu begegnen, die Bemühungen reichen, unserer Erfahrung nach, vom konsequenten Ignorieren unerwünschter Verhaltensweisen bis hin zu Hausordnungen im Enzyklopädie-Format.

Wir wollten einen Beitrag zur Entspannung leisten und entwickelten diesen Leitfaden, der unter dem Arbeitstitel „Benimmkurs" an unserer Schule in der Praxis bereits erprobt wurde.
Nun soll er Kolleginnen und Kollegen mit praktischen, leicht einsetzbaren Materialien helfen, Themen wie korrektes Grüßen, Arbeitsverhalten, Sprache und Sauberkeit im Unterricht schülergerecht zu behandeln, ohne den moralischen Zeigefinger zu heben.
Wir setzen auf Einsicht und darauf, dass den Schülern bewusst wird, wie sehr ihr eigenes (gutes) Verhalten Einfluss auf eine lebens- und liebenswerte Schule hat, in der alle sich wohlfühlen können.
Wir wollen die soziale Intelligenz der Schüler stärken und die vielzitierten Soft Skills – wie personale Kompetenz, soziale Kompetenz (Teamfähigkeit, Einfühlungsvermögen), methodische Kompetenz (Umgang mit Medien) sowie emotionale Intelligenz – trainieren und verfeinern, die in verschiedenen Lehrplänen, z. B. auch im neuen LehrplanPlus in Bayern, als Alltagskompetenzen angebahnt werden sollen (siehe Kapitel B Lehrplanbezug).
Doch nicht nur im Lernumfeld Schule spielen diese Kompetenzen eine wichtige Rolle, sie machen die Jugendlichen ja nur bereit für die Erwartungen, die beim Erwachsenwerden und im Beruf gestellt werden und so entscheidend für den persönlichen Erfolg sind.

Das vorliegende Material kann in unterschiedlichen Lernsituationen eingesetzt werden (siehe Kapitel C Wie man dieses Material nutzt) und ist für alle Jahrgangsstufen der Haupt- und Mittelschule bzw. in der Sekundarstufe I der Realschulen und Gymnasien geeignet.
Wir wünschen Ihnen und Ihren Schülern viel Spaß und hilfreiche Einsichten beim Bearbeiten unseres Materials!

Welche Rolle Umgangsformen in Schule, Beruf und Alltag spielen

Verortung in der Verfassung, im Lehrplan und im Unterricht

Schulen haben seit jeher den Auftrag, nicht nur Wissen und Können zu vermitteln, sondern auch Herz und Charakter zu bilden. Nun war und ist es für jeden Pädagogen selbstverständlich, neben seinem Bildungsauftrag auch Erziehungsarbeit zu leisten. Jedoch war es nie ein Leichtes, Jugendliche zu gutem Benehmen zu erziehen, liegt die Schwierigkeit schließlich darin, sich auf die junge Generation, die neuen Umstände und die herrschenden sozialen Strukturen einzustellen ... Und diese verändern sich meist schneller als der Lehrer. In den aktuellen Lehrplänen werden die Bereiche Alltagskompetenz und Lebensökonomie oft im Unterpunkt Gesundheit thematisiert: Prosoziales Verhalten, Umgang mit den eigenen Gefühlen, Konfliktbewältigung und Gewaltprävention.

Genau das ist auch unser Anliegen. Wir setzen auf Prävention und Verständnis. Wir wollen erreichen, dass der Schüler im Vorfeld versteht, mögliche Konsequenzen kennt, um dann eigenverantwortlich Entscheidungen treffen zu können. Selbstverständlich fließt Erziehungsarbeit geradezu unbewusst in jeden Unterricht, in jede Interaktion mit ein. Wir möchten gutes Benehmen allerdings ganz bewusst anbahnen, auch den Schülern die Chance geben, es aktiv zu lernen. Die Fachlehrpläne beschreiben prozessbezogene Kompetenzen, wie z. B. Wahrnehmen, Analysieren, Handeln, Reflektieren … Wir nutzen diese prozessbezogenen Kompetenzen zur Anbahnung der Benimm-Kompetenz gezielt und machen sie auch für den Schüler transparent: „Reflektiere doch mal, wie das wirken muss …"

Nachhaltige Förderung von Alltagskompetenzen und Benimmtraining

Einmal behandelt und dann abgehakt? Das wäre nur allzu schön … Um dieses Benimmtraining tatsächlich nachhaltig zu machen, ist es von elementarer Wichtigkeit, dass die Lehrkraft immer wieder auf die Themen eingeht, Rituale einführt, gelungenes Verhalten öffentlich lobt und auch externe Partner miteinbezieht. Das bedeutet, dass Lehrkräfte, die auch in dieser Klasse unterrichten, Mittagsaufsichten oder Hortpersonal informiert werden und ggf. auch rückmelden. Je mehr Menschen an dieser Aufgabe beteiligt werden, desto größer wird die Erfolgsquote sein.

Benimmtraining für den Beruf

An unserer Schule gibt es seit vielen Jahren Jobmessen und Bewerbertraining durch externe Partner. Die Rückmeldung unserer freiwilligen Trainer aus der Wirtschaft bezieht sich leider immer häufiger auf mangelnde gesellschaftliche Richtlinien. So wird neben der Kleidung (auch im hygienischen Zusammenhang) sehr häufig Sprache und Höflichkeit bemängelt. Viele Ausbildungsbetriebe sind durchaus bereit, bei der einen oder anderen schlechten Note ein Auge zuzudrücken. Fachwissen erlangen die Jugendlichen während der Ausbildung und Methodenkompetenz steht bei den meisten Betrieben relativ weit unten in der Rankingliste. Ein Auszubildender jedoch, der nicht teamfähig ist, der sich weder ein- noch unterordnen kann, der den Chef nicht grüßt etc., wird nicht sehr gut ankommen.

Multikulturelles Deutschland – die eigene und die fremde Kultur im Einklang

In Deutschland leben Menschen unterschiedlichster Kulturen. Jede Kultur hat ihre eigenen Prinzipien in Bezug auf Höflichkeit. Dies macht die offene Diskussion und den ehrlichen Austausch untereinander immens wichtig. Um Konflikte zu vermeiden, sollten dabei jedoch nicht nur die jeweiligen Positionen verteidigt, sondern ein Verständnis für die tiefer liegenden Interessen geschaffen werden. Die Mentalität der Völkergruppen ist so unterschiedlich, dass ein Verkünden von festgelegten Regeln ohne Verständnisanbahnung geradezu ins Leere laufen *muss*. Wir zielen auf Völkerverständigung über klares Verstehen der Hintergründe und der jeweiligen Interessen.

Mehrwert für den Schüler

„I have a dream …" Wir sehen störungsfreien Unterricht, gesitteten Schulalltag, entspannte Lehrer, zufriedene Ausbilder, begeisterte Eltern, einen stolzen Bundespräsidenten … und zufriedene Schüler. Wäre das nicht schön? Natürlich wird das alles nicht (in dieser Rigorosität) passieren, doch vielleicht können wir dem Ganzen ein bisschen zuarbeiten. Gehen wir einmal davon aus, dass der Schüler tatsächlich von zu Hause keine „Benimmunterweisung" bekommt oder nach anderen Prinzipien erzogen wurde. Nehmen wir einmal an, dass ihm überhaupt nicht bewusst ist, dass es einen gewissen Kleiderkodex für die Öffentlichkeit gibt. Er versteht vielleicht auch nicht, warum sein Gegenüber immer aggressiv auf ihn reagiert. Durch Aufklärung, Sichtbarmachen, bewusste

Wahrnehmung und die Möglichkeit zu reflektieren, hat der Schüler eine reelle Chance, sein Verhalten zu ändern, Erfolge zu feiern und wird dadurch u. U. im Benimmtraining einen Mehrwert für sein Leben erkennen.

C Wie man dieses Material nutzt

Aufbau des Buches

Bei der Gestaltung unseres Materials war es uns besonders wichtig, die Unterrichtseinheiten so zu konzipieren, dass sie möglichst niedrigschwellig angewendet werden können. „Der" Lehrer neigt aus unserer Erfahrung dazu, Materialien zu nutzen, die sich unproblematisch einsetzen lassen. Dazu gehört, dass sämtliche Arbeitsblätter unverändert kopiert werden können, dass Lösungsvorschläge angeboten werden und dass es auch Alternativen zu bestimmten Methoden gibt, wenn die eigene Klasse mit der einen oder anderen unter- oder überfordert ist.

Einsatz in verschiedenen Jahrgangsstufen

Eine besondere Herausforderung war die Konzeption der Unterrichtseinheiten, sodass sie in verschiedenen Klassenstufen und Schularten eingesetzt werden können. Wir bemühten uns darum, möglichst vielfältige Methoden anzubieten und um Alternativvorschläge, um einen breiten Einsatz zu ermöglichen. In den Unterrichtseinheiten finden Sie immer wieder Hinweise zur Eignung in bestimmten Klassenstufen und Differenzierungsmöglichkeiten für jüngere/schwächere Schülergruppen.

Einsatz als Klassenleiter und Fachlehrer

Unsere ersten Einsatzgebiete des vorliegenden Konzepts waren unsere eigenen Klassen, zum einen als Klassenleiterin einer Ganztagsklasse, die in der siebten Jahrgangsstufe neu übernommen wurde, zum anderen als Lehrerin im Fach „Soziales", früher bekannt als „Hauswirtschafts- oder Kochunterricht" in der Klassenstufe 8.
Als Klassenlehrerin führte ich den „Kurs" in den ersten Schulwochen nach den Sommerferien durch und handelte mit den Einheiten zuerst das Thema „Regeln" (D1 Was ich darf und was ich muss) ab. Da sich unsere Schule für die Umsetzung des Time-Out-Modells entschieden hat, besprachen wir vor allem die Merkmale von Regeln und arbeiteten die Konsequenzen bei Regelüberschreitung heraus, die an unserer Schule gelten.
Das Thema „Grüßen" (D2 Wir grüßen Schüler, Lehrer und Fremde) bot sich im Anschluss an, auch in Hinsicht auf die mehr oder weniger beliebten Dienste, die es in einer Klasse zu vergeben gibt. Abschließend beschäftigten wir uns mit dem Thema „Arbeiten wie die Profis" (D4), um von Vorneherein die Voraussetzungen in der Klasse zu schaffen, den Arbeitsplatz und die Materialien selbstständig zu organisieren.
Im Fachunterricht „Soziales" wurden einzelne Themen zunächst einzeln und voneinander unabhängig eingesetzt, immer angepasst an aktuelle Erfordernisse (D7 Ich kleide mich angemessen) oder mit Lehrplanbezug, z.B. bei der Vorbereitung von Referaten und Handouts (D9 Schöne neue Medienwelt). Wenn die Schule die Unterrichtsmaterialien nicht als Gesamtkonzept einsetzen möchte oder kann, ist es für den einzelnen Klassenleiter im Rahmen seiner pädagogischen Freiheit und Verantwortung natürlich möglich, das vorliegende Material als Kurs in seiner Klasse durchzuführen. Dazu bieten sich in den Ganztagsklassen besonders die Differenzierungsstunden an, bei denen ein zweiter Lehrer in der Klasse ist, um die Gruppen zu verkleinern. Auch im gesellschafts-

wissenschaftlichen oder berufsvorbereitenden Fachunterricht an den Mittelschulen oder im Fach Sozialkunde am Gymnasium können die Stunden eingesetzt werden.

Einsatz in der Vertretungsstunde

Als Lehrerinnen an der bayerischen Mittelschule sind wir meistens in der glücklichen Lage, dass uns Kollegen im Krankheitsfall oder bei Fortbildungen Unterrichtsmaterialien zur Verfügung stellen. Sollte man aber einmal „blank" in einer unbekannten Klasse unterrichten müssen, dann eignen sich unsere Materialien wunderbar für eine Vertretungsstunde der „anderen Art", die den Schülern wichtige übergreifende Lernerfahrungen ermöglicht. Unserer Erfahrung nach sind Schüler sehr interessiert an Themen wie „D9 Schöne neue Medienwelt" oder „D8 Hinschauen statt Wegschauen", auch wenn das zu Lasten einer abgesessenen „Freistunde" geht.

Einsatz an Projekttagen oder im Schullandheim

Viele Schulen führen mehr oder weniger regelmäßig Projekttage oder eine Projektwoche durch. Unsere Materialien eignen sich sehr gut für den Einsatz in kleineren Schülergruppen, die an mehreren Tagen alle „Stationen" durchlaufen können und zum Abschluss z.B. einen Führerschein als „Benimmprofi" (untere Jahrgangsstufen) oder ein Zertifikat für die Bewerbungsmappe (höhere Jahrgangsstufen) erhalten. Bis auf Einheit „D1 Was ich darf und was ich muss", die als Einstieg gedacht ist, erfordern die einzelnen Stundenbilder keine chronologische Bearbeitung. Auch im Schullandheim, welches heute in der Regel keine Bespaßungsfunktion, sondern einen pädagogischen Auftrag hat, können die Unterrichtseinheiten zur Stärkung des Gemeinschaftsgefühls und zum Teambuilding genutzt werden. Denkbar wäre hier zum Beispiel, jeden Tag ein Thema zu behandeln und dieses als Motto des Tages zu wählen.

Einsatz in einer Arbeitsgemeinschaft

An den Schulen wird bisweilen geklagt wird, dass es vom Schulamt zu wenig Stunden für die Einrichtung von Arbeitsgemeinschaften gibt. Außerdem können aufgrund der hohen Stundenverpflichtung durch häufigen Nachmittagsunterricht, nicht nur am Gymnasium durch das G8, sondern auch an Mittelschulen mit Ganztagszug, immer weniger Schüler zusätzlich noch Zeit für freiwillige Arbeitsgemeinschaften erübrigen. Dennoch gibt es immer wieder die Möglichkeit, solche Zusatzangebote einzurichten. Eine Idee für eine solche AG wäre ein Kurs, in dem spielerisch unsere Themen erarbeitet werden. Die Teilnehmer könnten dabei zusätzlich als „Scouts" – analog zu den vielerorts bewährten Streitschlichtern oder Pausenhofsheriffs – geschult werden und ihre Mitschüler als Experten z. B. beim Thema „D4 Arbeiten wie die Profis", „D7 Angemessen kleiden" oder „D9 Schöne neue Medienwelt" beraten. Auch für die Schülermitverantwortung, die Interesse an einer funktionierenden Schulgemeinschaft hat, können unsere Unterrichtseinheiten sicherlich nützliche Impulse oder Anregungen geben.

Einsatz als Schulkonzept

Die „Hochform" unseres Konzepts stellt sicherlich der Einsatz in allen Klassen einer Schule in einer methodischen Reihe dar.

An unserer Grund- und Mittelschule beschloss die Lehrerkonferenz vor einigen Jahren, die Materialien als Basis für einen klassenübergreifenden Ansatz heranzuziehen. Wir entschieden uns dafür, pro Monat ein Thema herauszugreifen und als Motto des Monats verbindlich in allen Klassen zu bearbeiten.

Dazu wurde eine Schulwoche für die Anbahnung angesetzt, in der jeder Klassenleiter das Thema vorstellte und dabei die Materialien angepasst an seine Jahrgangsstufe und Klassensituation ein-

setzte. Als flankierende Maßnahme wurden die Regeln in jedem Klassenzimmer ausgehängt und das Motto auch in der Aula für Schüler, Lehrkräfte und Besucher gut sichtbar in einem Bilderrahmen präsentiert.
Im ersten Durchlauf stellte sich heraus, dass der Monatstakt zu ambitioniert war, denn Lehrplandruck, Zeugnistermine, Schullandheimaufenthalte, Betriebspraktika oder Fortbildungen machten uns in der Praxis einen Strich durch die Zeitrechnung.
Deswegen verlängerten wir den Zeitraum für ein Motto/Thema auf die Periode zwischen zwei Ferien. Damit kamen die Lehrkräfte bisher gut zurecht.
Zur Sicherung der einzelnen Themen können nicht nur Motto und wichtigste Regeln gut sichtbar im Klassenzimmer ausgehängt werden: Um den Eltern Einblick in den „Fortschritt" und die Unterrichtsergebnisse zu ermöglichen, bietet sich eine Art Portfoliomappe an, in der die Schüler die Arbeitsblätter sammeln, welche aber auch Raum bietet für eigene Überlegungen zum Thema, Umfragen in der Klasse oder Schule, Foto-Dokumentationen, Zeichnungen (z.B. für untere Jahrgangsstufen unterstützend zu den Merkregeln) etc.
Der umfangreiche Umbau unserer Schule, die damit verbundenen Umzüge von einem Gebäude ins andere bzw. in Container und die Raumnot zwangen uns, das Konzept für die ganze Schule vorübergehend auf Eis zu legen. Dennoch werden die Materialien von den Lehrkräften immer wieder eingesetzt, wenn sie eine neue Klasse übernehmen oder zur Auffrischung zwischendurch. Wir sind zuversichtlich, dass es an unserer Schule nach Bauabschluss wieder erfolgreich umgesetzt wird!
Nach unseren Erfahrungen schlagen wir folgende Vorgehensweise zur Einführung unserer Materialien als Schulkonzept vor:
Für die Betreuung und Begleitung der Lehrkräfte empfehlen wir eine Lehrkraft bzw. ein Team von Lehrern einzusetzen, dafür kann z.B. eine sogenannte Poolstunde vergeben werden oder die Aufgabe ersetzt z.B. eine Dienstpflicht wie Pausenaufsicht oder Teilnahme am Disziplinarausschuss …

1. Vorstellung der Themen und der Materialien beim Schulleiter
2. Vorstellung in der Lehrerkonferenz
3. Bei Annahme durch die Lehrerkonferenz: Festlegung eines Zeitplans
   Empfohlen: 6–8 Wochen für ein Thema
4. Festlegung des ersten Themas
5. Vervielfältigung und Ausgabe der Materialien an die Lehrkräfte
6. Aushang des Mottos an exponierter Stelle im Schulhaus

Außerdem empfehlen wir, die Eltern und Erziehungsberechtigten sowie den Elternbeirat über die Umsetzung des Konzepts zu informieren. Jedes Thema ist auch für diese sicherlich von Bedeutung. Um das Konzept als Verhaltenskodex der Schule bekannt zu machen, bietet sich die Präsentation des Mottos auf der Schulhomepage/in der Presse/im Jahresbericht an. Auch für die Schülerzeitungsredakteure bietet das Konzept sicher die eine oder andere Idee: Umfrage unter Schülern, Fotos von der Umsetzung in verschiedenen Klassen, Info über Umgang mit den neuen Medien …

D Unterrichtseinheiten

D1 Was ich darf und was ich muss

1. ZIELE

Wir wollen den Schülern vermitteln, dass ...

- Regeln den Umgang miteinander erleichtern.
- gegenseitiger Respekt eine Basis für erfolgreichen Unterricht ist.
- gemeinsam erarbeitete Umgangsformen leichter akzeptiert werden als „von oben" verordnete.
- Regelübertretungen Konsequenzen haben.

2. HINTERGRUNDINFOS

Abgeleitet vom Trainingsraum-Programm, das von Sozialarbeiter Edward E. Ford ausgearbeitet wurde, geht es an den Schulen darum, allen Beteiligten einen ungestörten, guten Unterricht zu bieten und zu ermöglichen, in einer Atmosphäre des gegenseitigen Respekts und Vertrauens. Daraus formulieren sich drei Regeln:

- Jede Schülerin und jeder Schüler hat das Recht, ungestört zu lernen.
- Jede Lehrerin und jeder Lehrer hat das Recht, ungestört zu unterrichten.
- Jede/r muss stets die Rechte der anderen Schüler respektieren.
- An vielen Schulen wird das Time-Out-Modell, mit dem Regelverletzungen nach einem bestimmten Schema sanktioniert werden, mit Erfolg praktiziert. Informationen dazu finden Sie zum Beispiel unter http://www.trainingsraum.de.

Wozu gibt es Regeln?

Wenn Kinder und Jugendliche spielen, halten sie sich meist wie selbstverständlich an die bekannten vorgegebenen oder selbst bestimmten Regeln, denn ohne Regeln wird ein Spiel schnell langweilig oder führt zu Streitereien. Auch in der Schule bzw. in der Klasse herrscht bald wildes Durcheinander und Anarchie, wenn es keine allgemein gültigen Vereinbarungen gibt. Die meisten Schulen haben deswegen eine „Hausordnung", die für alle Mitglieder der Schulfamilie gilt. Für die Klasse werden oft am Schuljahresbeginn Regeln erarbeitet.

Wie müssen Regeln beschaffen sein, damit sie akzeptiert werden können?

Wenn Sie mit den Schülern gemeinsam Regeln erarbeiten, achten Sie auf folgende Dinge:

- Wenige Regeln lassen sich besser befolgen als zu viele. Fünf Regeln sind ein guter Anfang.
- Die Regeln müssen kurz und klar sein.
- Regeln sollen als positive Aufforderung formuliert sein.
- Regeln sollen nach der Formulierung immer gelten.
- Sie sollten verständlich sein: Kurze und einfache Sätze!
- Positive Formulierungen bevorzugen, Regeln nicht als Verbot, sondern Gebot formulieren.
- Regeln sollen verbindlich sein: Nicht „Wir wollen andere nicht unterbrechen", sondern „Ich lasse den Anderen ausreden".

Erziehungs- und Ordnungsmaßnahmen bei Regelverstößen

In die Ecke stehen, auf einem Holzscheit knien, Schlagen auf die Handinnenflächen oder sonstige herabwürdige Strafen gehören an den Schulen längst der Vergangenheit an: Seit dem Jahr 2000 ist das Recht des Kindes auf „Gewaltfreie Erziehung" im Bürgerlichen Gesetzbuch verankert, das trifft natürlich auch auf die Maßnahmen von Lehrern zu. Im Artikel 86 des bayerischen Gesetzes zu Erziehung und Unterricht (BayEUG) unterscheidet man zwischen Erziehungsmaßnahmen und förmlichen Ordnungsmaßnahmen. Entsprechende Vorgaben gibt es natürlich auch in den Schulgesetzen anderer Bundesländer.

Erziehungsmaßnahmen sind zum Beispiel Ermahnungen, Zusatzaufgaben, Nacharbeit am Nachmittag, Auszeiten in einem beaufsichtigten Raum oder ein Hinweis an die Eltern.

Ordnungsmaßnahmen gehen vom schriftlichen Verweis über die Versetzung in eine Parallelklasse bis hin zum Ausschluss aus der Schule. Bevor Ordnungsmaßnahmen zum Einsatz kommen, arbeiten Lehrer in der Regel zuerst mit mehr oder weniger bewährten, vom Typ und von der Klassenstufe abhängigen Disziplinierungsmaßnahmen. Wenn Konsequenzen Erfolg haben sollen, sind diese „zeitnah, vorher bekannt, nicht demütigend, unangenehmer als die Einhaltung der Regeln und helfen dem Schüler, in Zukunft die Regeln besser befolgen zu können." Wenn die Schule sich für das Time-Out-Modell entschieden hat, schränken die Vorgaben den pädagogischen Freiraum des Lehrers und die Festlegung von Folgen bei Regelverstößen ein, dafür entfallen natürlich viele Diskussionen mit Schülern um Konsequenzen.

3. STUNDENBILD

Möglicher Verlauf der Stunde	Medien Methoden	Material
EINSTIEG **Spiel ohne Regeln** Schüler spielen paarweise Schnick-Schnack-Schnuck (1 Runde), die Sieger spielen jeweils gegeneinander, bis ein Gewinner feststeht. Dieser darf nun gegen den Lehrer antreten und drei Runden spielen. Die Klasse soll Schiedsrichter spielen. Der Lehrer benutzt nun aber nicht die bekannten Gesten wie Stein, Schere und Papier, sondern Fantasiegesten, die natürlich immer gewinnen. Die anschließende Diskussion führt hin zum Thema. **Zielgedanke:** Regeln erleichtern unser Zusammenleben in der Schule.		
ERARBEITUNG 1 **Regelformulierung** Wie müssen Regeln formuliert sein, damit sie akzeptiert werden können? Schüler schreiben Merkmale/Kriterien für Regeln auf Wortkarten: • Pro Wortkarte nur ein Begriff • Groß und deutlich schreiben. Sammeln und Ordnen an der Tafel/auf dem Boden. Gruppieren und Ordnen, Aussortieren von Doppelnennungen: • wenige, verständlich • gemeinsam festgelegt • positiv formuliert • verbindlich/für alle gültig.	Karten Dicke Stifte	
ERARBEITUNG 2 **Unsere Wohlfühlregeln – Arbeitsteilige Gruppenarbeit** Schüler bearbeiten die Arbeitsaufträge. Vorstellung der Gruppenergebnisse. Sammeln der Ergebnisse an der Tafel/am Flipchart. Gruppierung, Aussortieren von Doppelnennungen. Umformulierung von Negativbotschaften. Kriterien (s.o.) überprüfen. **Wahl der Top 5 per Abstimmung** Welche der fünf Regeln findest du am wichtigsten für ein gutes Miteinander in der Klasse? **Alternativ** *Punktlandung:* Die Schüler erhalten drei einfarbige Klebepunkte. Jede/r Schüler klebt nun je einen Punkt an die Regeln, die er für sich am wichtigsten findet. Lehrer ergänzt Karten, wenn Regeln fehlen, mithilfe der Motto-Karten.	Tafel/ Flipchart Klebepunkte Merkregeln/ Motto-Karten	D1/2 D1/1
ERARBEITUNG 3 **Sanktionen bei Regelverletzungen: Rätsel** Austeilen der Rätsel. Gefundene Begriffe an der Tafel sammeln. **Impuls** Überlege dir, um welches Thema es bei all diesen Begriffen geht ... Schüleräußerungen werden gesammelt. Alternativ/Ergänzend: Geben Sie Ihren Schülern vorher oder in der Stunde den Auftrag, ihre Großeltern zu befragen, wie es in den Schulen in den 1950er-Jahren zuging. Sammeln Sie die Ergebnisse gemeinsam. **Frage und Antwort** Einer deiner Mitschüler überschreitet ständig die Grenzen und verstößt gegen die Klassenregeln. Was passiert bei Regelverletzungen (heute)? Schüler nennen mögliche Sanktionen und entwickeln eine Mindmap. Schulen mit Trainingsraum-Modell gehen natürlich nach dem vereinbarten Schema vor.	Arbeits- aufträge	D1/3
SICHERUNG Eintrag auf dem Arbeitsblatt.	Arbeitsblatt	D1/4

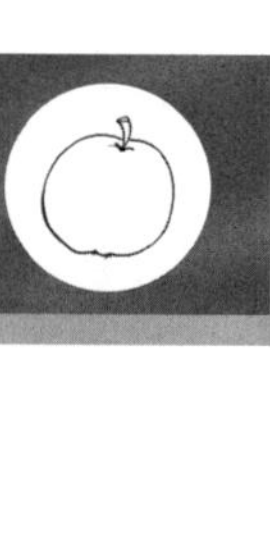

D1/1 Merkregeln/Motto-Karten

Was ich darf und was ich muss.

Jeder Schüler hat das Recht, ungestört zu lernen.

Jeder Lehrer hat das Recht, ungestört zu unterrichten.

Jeder muss die Rechte der anderen Schüler respektieren.

D1/2 Arbeitsaufträge zur Gruppenarbeit: Unsere Regeln zum Wohlfühlen

Unsere Regeln zum Wohlfühlen

In unserer Klasse sollen sich alle wohlfühlen, die Schüler und die Lehrer. Sammelt nun Tipps, damit das klappt:

1. Schreibt dazu mindestens zehn Regeln auf, die unser Miteinander einfacher machen. Beachtet dabei auch die Merkmale für gute Regeln, die wir besprochen haben. Schreibt sie auf ein Blatt.
2. Nun diskutiert in der Gruppe über die Regeln und wählt schließlich fünf davon aus, die euch am wichtigsten erscheinen.
3. Schreibt je eine Regel groß und deutlich auf eine Wortkarte.
4. Anschließend stellt ihr das Ergebnis euren Mitschülern vor.

Tipp:

Denkt an diese Regeln:
- Wie sprechen wir miteinander?
- Wie wollen wir miteinander umgehen?
- Wie soll es in unserem Klassenzimmer aussehen?

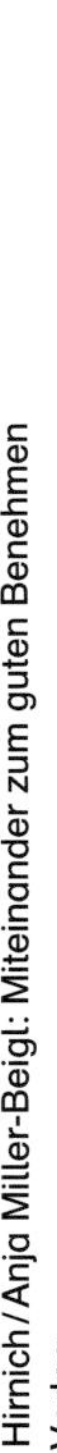

D1/3 Rätsel

Rätsel Schwierigkeitsgrad 1

Welche Wörter findest du hier?

NEZTÄWHCS: _ _ _ _ _ _ _ _ _

NERÖTS: _ _ _ _ _ _

LLÜM: _ _ _ _

NEKCIPS: _ _ _ _ _ _ _

Rätsel Schwierigkeitsgrad 2

Was verbirgt sich hier?

TGMNTEIIUL: _ _ _ _ _ _ _ _ _ _

(tiebrahcaN) _ _ _ _ _ _ _ _ _ _

vVwegrmwqeeims _ _ _ _ _ _ _

Es gilt nur jeder 2. Buchstabe!

Rätsel Schwierigkeitsgrad 3

Was verbirgt sich hier?

NEZTAT: _ _ _ _ _ _

_ _ _ _ _ _ _ _ _ _

WREIVES: _ _ _ _ _ _ _

_ _ _ _ _ _ _ _ _ _

K C O T S R H O R

N G R N

H A U M E

D1/4 Arbeitsblatt

Jede Schülerin und jeder Schüler hat das Recht, ungestört zu lernen.
Jede Lehrerin und jeder Lehrer hat das Recht, ungestört zu unterrichten.
Jede/r muss stets die Rechte der anderen Schüler respektieren.

Damit das klappt, haben wir für unsere Klasse folgende Vereinbarungen getroffen:

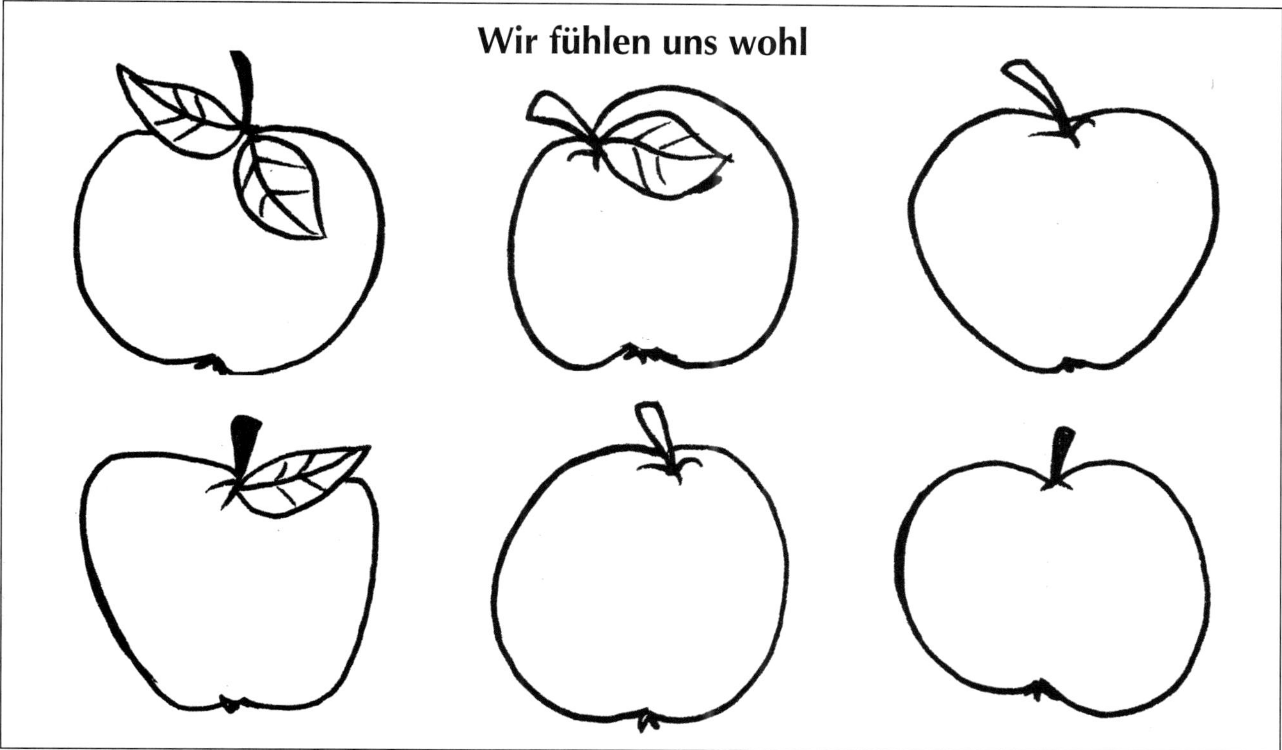

Wenn jemand die Vereinbarungen nicht einhält, muss er diese Konsequenzen befürchten:

Erziehungsmaßnahmen	Ordnungsmaßnahmen

D2 Wir grüßen Mitschüler, Lehrer und Fremde

1. ZIELE

Wir wollen den Schülern vermitteln, dass …

- unterschiedliche Regeln in verschiedenen Kontexten gelten.
- das Sich-Begrüßen eine Grundkompetenz sozialer Verhaltensweisen darstellt.
- es allgemeingültige Regeln des höflichen Umgangs miteinander gibt:
  - Wer grüßt wen, wann und wie … Begrüßungsregeln sind im späteren Leben der Schüler in Ausbildung und Beruf durchaus noch von Bedeutung, deshalb sollten sie besprochen werden.
  - Wenn bekannt, wird der Gegrüßte mit Namen angesprochen (Ausnahme bei Gruppen – hier geht: „Guten Tag zusammen!")
- Blickkontakt mit dem Gegrüßten gehalten wird.
- die Begrüßungsfloskeln „Hallo", „Servus", „Hi" o.Ä. bei Kumpels und Freunden immer in Ordnung, bei Älteren oder Vorgesetzten manchmal aber nicht angemessen sind.
- Klassenzimmer-Besucher vom Grüßdienst begrüßt werden, der Lehrer so wie in der Klasse abgesprochen.

2. HINTERGRUNDINFOS

Allgemeingültige Regeln des höflichen Umgangs miteinander

Wir müssen leider davon ausgehen, dass viele Schüler die Grundlagen des höflichen Miteinanders von zu Hause nicht mehr kennen. Daher ist es notwendig ihnen deutlich zu machen und vorzuleben, dass es Grundregeln gibt. Es kommt dabei vor, dass sich Schüler (und auch Eltern) darüber mokieren, dass diese Regeln angesprochen werden. Trotzdem finden wir sie unerlässlich. Als Lehrer sollte man diese Grundregeln konsequent einfordern!

Der Jüngere grüßt den Älteren

Der Jüngere grüßt den Älteren, der Unterstellte/Mitarbeiter den Vorgesetzten … Diese Regel hat im späteren Leben der Schüler in Ausbildung und Beruf durchaus noch Gültigkeit, deshalb sollte sie besprochen werden. Alternativ gilt heutzutage: Es grüßt stets derjenige, der den anderen zuerst sieht. Lehrer, egal welchen Alters, sollten sich stets untereinander grüßen, um ihrer Vorbildrolle gerecht zu werden. Lehrer sollten auch ihre Schüler immer freundlich grüßen, gerne auch zuerst. Nur was sie vorleben, können sie von den Schülern einfordern.

Der Unterstellte/Mitarbeiter grüßt den Vorgesetzten

Im Erwachsenenleben galt früher eine klare Hierarchie: Die Mitarbeiter grüßten den Chef, der Lehrer die Schulleitung … Heute hält man sich oft nicht mehr an diese Regel. Gerade Mitarbeiter in einer leitenden Funktion gehen mit gutem Beispiel voran, halten sich an die einfachen Höflichkeitsregeln und tun so etwas für die Unternehmenskultur. Sie grüßen alle Menschen mit gleicher Höflichkeit.

Wir halten Blickkontakt zu dem Gegrüßten

Im Europa schaut man sich während des Grüßens in die Augen und hält den Blickkontakt. Optimalerweise lächelt man noch dabei.

Wir begrüßen den anderen mit Namen
Auf Frau ... und Herr ... sollte geachtet werden. Begegnet man einem bekannten Menschen, so grüßt man ihn mit seinem Namen. Bei zwei oder mehreren Menschen genügt ein: „Guten Tag, zusammen!" Der Titel gehört zum Namen: „ Guten Tag, Herr Dr. Müller!"

So grüßt die Klasse
Wie ein Klassenleiter oder Fachlehrer seine Klasse am Morgen begrüßt ist sicherlich sehr individuell. Viele Kollegen erwarten das altbekannte Aufstehen und Grüßen im Chor als Anfangsritual, andere begrüßen jeden Schüler morgens mit Handschlag. Wichtig ist es nur, dass die Klasse den Lehrer angemessen begrüßt.
Anders sieht es jedoch aus, wenn Gäste in die Klassen kommen, sei es die Schulleitung, der Schulrat/der Vertreter der Schulaufsicht oder Eltern. Hier empfehlen wir, dass ein Grußdienst jeden eintretenden Erwachsenen im Namen der gesamten Klasse begrüßt.

Wie betreten wir einen Raum?
Das Eintreten in Räume, deren Türen geschlossen sind, bietet immer wieder Anlass für Diskussionen. Der Knigge und wir empfehlen folgendes Vorgehen: Bei geschlossenen Türen klopft man an und wartet auf ein „Herein!" In Behörden mit Publikumsverkehr (z.B. Sekretariat der Schule) reicht es, anzuklopfen und eine Sekunde zu warten, ob nicht jemand ruft: „Einen Augenblick, bitte!" Dann kann man, ohne eine Aufforderung abzuwarten, eintreten.
Der Eintretende begrüßt den Anwesenden: „Guten Tag, Frau Schreiber!"

Die richtige Wortwahl macht's!
Ciao, Servus, Hi und Co. sind freundliche Begrüßungen unter Freunden. Da wir in der Schule jedoch in einem Arbeitsverhältnis stehen, sollten wir auf ein „Guten Morgen" oder „Guten Tag", bei vertrauten Lehrern zumindest auf ein „Hallo, Frau/Herr ..." bestehen. Das Gleiche gilt für die Verabschiedung. Insbesondere in der Haupt- bzw. Mittelschule sollte der Fokus jedoch auf den freundlichen Umgang miteinander gelegt, umgangssprachliche Begrüßungs- und Verabschiedungsfloskeln in Maßen jedoch akzeptiert werden (Hauptsache der Schüler grüßt).

3. STUNDENBILD

Möglicher Verlauf der Stunde	Medien Methoden	Material
EINSTIEG **Grüßen** Hinweis auf das eigene Grüßen zu Stundenbeginn. Einsatz von verschiedenen Begrüßungsbildern als stumme Impulse. Warum ist Grüßen wichtig? Wie fühlt man sich als Gast, wenn man nicht beachtet wird? Gibt es Grußregeln? Wie grüßen wir privat, in der Schule oder im Praktikum? Ggf. jugendliche Begrüßungsrituale im YouTube®-Video wiederholen, um deutlich zu machen, dass manche Rituale im Freundeskreis in Ordnung, im offiziellen Kontext nicht richtig sind. **Zielgedanke** Wir wollen andere richtig grüßen.	Begrüßungsbilder Alternativ/ergänzend kann auch das YouTube®-Video vom Channel LIONTTV, „So grüßt sich die Jugend" gezeigt werden.	D2/2 Computer mit Internetzugang
ERARBEITUNG **Welche Grußregeln sind wichtig?** Mithilfe von Rollenspielkarten werden verschiedene Grußszenarien durchgespielt und Regeln erarbeitet: • Der Jüngere grüßt den Älteren. • Es grüßt derjenige, der den anderen zuerst sieht. • Der Unterstellte/Mitarbeiter grüßt den Vorgesetzten. • Auch der Chef grüßt seine Mitarbeiter freundlich. • Wir halten beim Grüßen Blickkontakt. • Wir klopfen an geschlossene Türen an und begrüßen als Eintretende den/die Menschen im Zimmer. • Will man viele Menschen gleichzeitig ansprechen, dann begrüßen wir als Gruppe: „Guten Tag zusammen!" • Wir wählen die Grußform unserem Gegenüber angemessen (Hallo, Hi, Guten Tag etc.). • Wir bestimmen einen Grußdienst in der Klasse. • Jeder Lehrer wird von der Klasse nach eigenem Ritual begrüßt.	Rollenkarten/Rollenspiel	D 2/5
SICHERUNG Bearbeitung des Arbeitsblattes: In verschiedenen Situationen grüßen wir unterschiedlich. Zusammenfassung der erarbeiteten Ergebnisse. **Alternative Möglichkeiten** Aufhängen der laminierten Merkregeln/Motto-Karten im Klassenzimmer. Ggf. Abschreiben der Regeln in ein Heft. Grußdienst einrichten, Morgenrituale festlegen ... **Ausklang** Besonders in den unteren Klassen bietet sich eine spielerische Form zum Ende der Unterrichtseinheit an. **Praktische Umsetzung** Grüßen, grüßen, grüßen UND lächeln.	Arbeitsblatt Merkregeln/Motto-Karten Begrüßungsspiel	D2/4 D2/1 + Lösung D2/3

4. KOPIERVORLAGEN

D2/1 Merkregeln/Motto-Karten

Grüßen macht gute Laune.

Wir grüßen alle Lehrer, Schulgäste und Mitschüler!

Beim Grüßen halten wir Blickkontakt und nennen den anderen bei seinem Namen!

Verwende je nach Anlass den passenden Gruß: „Guten Tag“ oder „Hallo“.

D2/2 Begrüßungsbilder

D2/3 Begrüßungsspiel

besonders geeignet für die 5. und 6. Jahrgangsstufe

Spielverlauf:
Die Teilnehmer laufen frei durch den Raum, auf ein Signal hin gibt der Moderator eine Begrüßungsart vor, z.B.

- Händeschütteln
- Hand zum Gruß erheben
- Checkergruß
- Abklatschen
- sich verneigen
- sich zuwinken
- Ellenbogen aneinanderstoßen und sich danach auf die Schulter klopfen,
- den Chef begrüßen,
- stumm begrüßen,
- lautstark begrüßen.

Achtung: Bei „wilden" Klassen besonders auf ruhige Begrüßungsvorgaben achten.

D2/4 Begrüßung in Beruf, Alltag oder Schule

Begrüßung im Beruf oder im Alltag

Fremde oder bekannte Erwachsene grüßen wir mit

- ______________________________

  ____

Wenn bekannt, dann sprechen wir die Person mit ____________________ an und halten Blickkontakt.

In der Schule grüßen wir

- ______________________________

uns bekannte Lehrer mit dem ____________________

fremde Personen mit ____________________

Gruppen von Erwachsenen mit ____________________

In der Klasse einigen wir uns auf ein ____________________

Um Besucher zu begrüßen, richten wir einen ____________________ ein.

D2/5 Rollenkarten

Welche Umgangsformen findest du passend, welche weniger?

A

Du hast es eilig, weil du deine Fahrkarte im Sekretariat abholen musst. Leider ist die Türe zu. Drinnen hörst du die Stimme der Sekretärin.

B

Du triffst auf der Straße deine 85-jährige Nachbarin, Frau Müller.
Wer grüßt zuerst und wie?

C

Lehrer Maier begegnet im Gang seinem Rektor, Herrn Dr. Lenz.
Wer grüßt zuerst und wie?

D

Am Nachmittag kommt Rita zu Besuch. Sie ist eine langjährige Freundin deiner Mutter.

E

Es ist der erste Tag deines Praktikums in einer Arztpraxis. Du kommst zur Türe herein und am Empfang sitzt eine dir unbekannte Angestellte mittleren Alters.

„Guten Tag“ „Hallo“

F

Du kommst in die Aula und am Eingang steht eine Gruppe von Eltern, die ihre Kinder abgeliefert haben.

G

Am Morgen sitzen alle Schüler am Platz und der Schulgong läutet. Dein Klassenleiter betritt den Raum.

H

In der Pause triffst du deinen besten Freund Markus, den du eine Woche nicht gesehen hast, weil du krank warst.

D3 Ich will was werden und tu was dafür

1. ZIELE

Wir wollen den Schülern vermitteln, dass ...

- eine positive Einstellung zur Schule für das eigene Fortkommen maßgeblich ist.
- Erfolgserlebnisse nur dann entstehen, wenn
  - der Schüler bereit ist, sich aktiv am Unterricht zu beteiligen.
  - Arbeitsmaterialien vollständig und funktionsfähig zur Verfügung stehen.
  - der Schüler dem Unterricht konzentriert folgt und auf Nebenbeschäftigungen verzichtet.
  - pflichtbewusstes Verhalten und Anstrengungsbereitschaft nicht uncool, sondern ein Ausdruck von Reife und Intelligenz ist.
  - ehrenamtliches Engagement in der Schule nicht nur zusätzlichen Zeitaufwand bedeutet, sondern sowohl Verantwortungsgefühl als auch die Selbstachtung stärkt.
  - nur er dafür verantwortlich ist, welche Lebensziele er erreichen wird.

2. HINTERGRUNDINFOS

Warum dieses Thema? Im Laufe der letzten Jahre stellten wir fest, dass Jugendliche immer weniger dazu bereit sind, Verantwortung für ihr eigenes Leben zu übernehmen. Nicht zuletzt sind es Eltern und Lehrer, die ihren Beitrag zu dieser Situation leisten, indem z. B. herausfordernde Situationen von vornherein für das Kind organisiert oder gelöst werden. So sollten z. B. nicht die Eltern dafür zuständig sein, dass alle Arbeitsmaterialien vollständig in die Schultasche gepackt sind, sondern der Schüler selbst. Dann erst trägt er (der Schüler) die Verantwortung für das Fehlen seiner Materialien in seiner Schultasche. Und Verantwortlichkeit ist nun einmal der Schlüssel zu einem selbstbestimmten Leben.
In dieser Einheit geht es darum, den Fokus des Schülers auf die Zukunft zu lenken und ihm bewusst zu machen, dass er sein Leben zu großen Teilen selbst steuern kann.

Eine positive Einstellung zur Schule ist für das eigene Fortkommen maßgeblich.
Viele Dinge im Leben müssen getan oder erledigt werden, ob sie nun Spaß machen oder nicht. Im unserem Bereich gilt das im Hinblick auf die Schulpflicht. Wir sollten den Kindern bewusst machen, dass es ihre Pflicht ist, zur Schule zur gehen. Dabei ist es ihre eigene Entscheidung, ob sie gern oder ungern in die Schule gehen. Manchmal liegt allein schon im Wechsel des Blickwinkels der Schlüssel zum Erfolg.

Erfolgserlebnisse entstehen nur dann, wenn

- der Schüler bereit ist, sich aktiv am Unterricht zu beteiligen.
- Arbeitsmaterialien vollständig und funktionsfähig zur Verfügung stehen.
- er dem Unterricht konzentriert folgt und auf Nebenbeschäftigungen verzichtet.

Wann ist ein Mensch ernsthaft erfolgreich? Erfolge können in den meisten Fällen nur von Menschen gefeiert werden, die hart dafür gearbeitet haben. Schluss mit „wünsch dir was" und hin zu „mach was draus/werde selbst aktiv". Um in Schule und Beruf erfolgreich arbeiten zu können, braucht es gezielte Vorbereitung, Engagement und Willen. Vielleicht hat der eine oder andere Schüler das noch nie gehört.

Pflichtbewusstes Verhalten und Anstrengungsbereitschaft sind nicht uncool, sondern ein Ausdruck von Reife und Intelligenz.
„Ich bin mir der Pflicht bewusst, ich möchte mich anstrengen ..." Diese Aussagen zeigen soziale Kompetenz, wenn sie mit einem Ziel verbunden werden. Pflichtbewusstes Verhalten gegenüber Eltern, Schule, Gesellschaft oder mir selbst. Anstrengungsbereitschaft für das Team, den guten Abschluss, die Klassenfeier, für meinen Klassendienst etc. „Ich kenne meine Rechte, aber auch meine Pflichten." Beide Seiten des Erwachsenwerdens zu beleuchten, ist ein Zeichen für Reife.

Ehrenamtliches Engagement in der Schule bedeutet nicht nur zusätzlichen Zeitaufwand, sondern stärkt sowohl Verantwortungsgefühl als auch die Selbstachtung
Bundespräsident Dr. h.c. Joachim Gauck anlässlich der Verleihung von Verdienstorden an junge ehrenamtlich Engagierte, Berlin, 5.6.2015
„Und ich danke Ihnen allen, die Sie sich schon in jungen Jahren engagieren, im Namen unseres Landes, von ganzem Herzen. Uns ist bewusst, dass Sie unsere Gesellschaft bereichern, weil Sie den Zusammenhalt stärken und weil Sie Zukunft mitgestalten. So machen Sie sich verdient um unser Land! Deshalb erhalten Sie diese Auszeichnung. Und ganz nebenbei widerlegen Sie das hartnäckige Vorurteil mancher Älterer, dass früher alles besser gewesen sei und dass „die Jugend von heute", wenn überhaupt, nur an sich selbst denke."
Aus: http://www.lbe.bayern.de/fachinformationen/zitate/index.php

Dieser Auszug aus einer Rede des Bundespräsidenten Gauck fasst das Schöne am Ehrenamt wunderbar zusammen. Die Schule ist ein geeigneter Ort, um mit dem Ehrenamt zu beginnen.

Nur der Schüler selbst ist dafür verantwortlich, welche Lebensziele er erreichen wird.
Die meisten Schüler machen sich wenig Gedanken darüber, welche Stärken und Schwächen sie haben. Doch nur wer sich selbst kennt und ehrlich reflektiert, wird in der Lage sein, sich weiterzuentwickeln. Dazu sollen Stärken genutzt und sinnvoll mit Schwächen umgegangen werden. Wir wollen die Schüler dazu ermutigen, ihre Persönlichkeit zu beleuchten, um herauszufinden, welche Lebensziele realistisch sind.

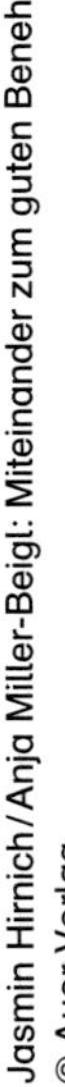

3. STUNDENBILD

Möglicher Verlauf der Stunde	Medien Methoden	Material
EINSTIEG **Sprüche/Zitate** Gespräch über diese Sprüche/Zitate. **Zielgedanke:** Ich will was werden und tu was dafür	Sprüche/ Zitate zum Thema Erfolg Merkregeln/ Motto-Karten	D3/2 D3/1
ERARBEITUNG **Winfried Winner und Lucie Loser** Lehrer berichtet von zwei Schülern. Die beiden führen ganz unterschiedliche Leben. **Arbeitsauftrag in arbeitsteiliger Gruppenarbeit:** Gruppe 1 bearbeitet den Steckbrief von Winfried Winner. Gruppe 2 bearbeitet den Steckbrief von Lucie Loser. Auswertung der Gruppenarbeiten Kartenabfrage und Clustern Formulieren der Kriterien für erfolgreiches Arbeiten, z. B. • positive Einstellung zur Schule • aktive Beteiligung am Unterricht • vollständige und funktionsfähige Arbeitsmaterialien • Konzentration auf den Unterricht • Unterlassen von Nebenbeschäftigungen • pflichtbewusstes Verhalten und Anstrengungsbereitschaft • ehrenamtliches Engagement • Verantwortung für das eigene Leben und Lernen übernehmen • Ziele setzen Selten gibt es so eindeutige Winner-Loser-Typen. Wie sieht das mit euch aus? Nur wer sich selbst kennt, kann sich entwickeln! Fragebogen ausgeben	Arbeits- aufträge/ Steckbriefe Karten Stifte Tafel oder Plakate Fragebogen	D3/3 D3/4
SICHERUNG **Arbeitsblatt und Auswertung des Fragebogens** • Kriterien zur Formulierung von Zielen besprechen: – Do it SMART – Ziele formulieren **Alternative Möglichkeiten** • Aufhängen der Merkregeln/Motto-Karten im Klassenzimmer • Ggf. Abschreiben der Regeln in ein Heft/Portfolio • Erarbeitete Kriterien in Form eines Plakates sichern **Praktische Umsetzung** • Jeder Schüler formuliert das wichtigste Ziel für sich und heftet es mit einer Wäscheklammer an eine „Zeitleine". An dieser Zeitleine sind Zeitabschnitte markiert (z. B. bis zu den Osterferien). Zum gegegenen Zeitpunkt erfolgt eine Zielüberprüfung. Entweder darf der Schüler ein neues Ziel formulieren oder er heftet das nicht erreichte Ziel zum nächsten Zeitabschnitt.	Arbeitsblatt Merkregeln/ Motto-Karten Zeitleine (Wäsche- leine, Wäsche- klammern, Zeitkarten) Karten Stifte	D3/5 D3/1

D3/1 Merkregeln/Motto-Karten

Ich will was werden und tu was dafür.

Ich arbeite an einer positiven Einstellung zur Schule und zum Lernen.

Für meinen Erfolg bin nur ich verantwortlich.

Ich kenne meine Rechte und Pflichten.

Ehrenamt – ein Amt, das Ehre macht.

Ich habe Ziele für mein Leben.

D3/2 Sprüche zum eigenen Erfolg

„Unser Schicksal hängt nicht von den Sternen ab, sondern von unserem Handeln." William Shakespeare
„Wer selbst kein Ziel hat, arbeitet automatisch für die Ziele anderer!" unbekannt
„Ohne harte und ernste Arbeit gibt es keinen strahlenden Erfolg." Li Gi Das »Buch der Sitten«, ein Sammelwerk von Dscheng Hüan im 1. Jh. v. Chr. konfuzianischer Lehren
„Der Langsamste, der sein Ziel nicht aus den Augen verliert, geht immer noch schneller als der, der ohne Ziel herumirrt." Gotthold Ephraim Lessing
„Hab Geduld, alle Dinge sind schwierig, bevor sie einfach werden." Französisches Sprichwort
„Der Glaube an sich selbst ist das Instrument, auf dem das Lied des Erfolgs gespielt wird." Wadim Korsch
„Nicht der Schnellste und Stärkste siegt, sondern der, der denkt, dass er es kann." Unbekannt
„Die großen Erfolge entstehen niemals auf dem Sofa vor dem Fernsehen." Wadim Korsch
„Die Welt tritt zur Seite um jemanden vorbeizulassen, der weiß, wohin er geht." David Starr Jordan (Erster Präsident der Stanford-University)

D3/3 Steckbrief Winner

Winfried Winner, 15 Jahre alt

- Winni besucht die 9. Klasse. Er macht täglich seine Hausaufgaben und bereitet sich auf den Unterricht am nächsten Tag vor. Er packt seine Schulsachen gewissenhaft, denn er hasst es, wenn er jemanden um Stifte oder Papier anbetteln muss.
- Seitdem er vorbereitet in den Unterricht geht, macht ihm die Schule komischerweise viel mehr Spaß als früher. Sicher liegt das auch daran, dass er plötzlich viel bessere Noten schreibt und er ganz viel positive Rückmeldung von den Lehrern bekommt.
- Manchmal hat er schon Schwierigkeiten mit dem Lernstoff, dann fragt er seine Lehrer, Eltern oder bekannte ältere Mitschüler um Hilfe.
- Seit zwei Jahren ist er im Tutoren-Team für die 5. Klassen. Es macht ihm Spaß, den „Kleinen" beim Einstieg in die Schule zu helfen, Nachhilfe zu geben und verschiedene Aktionen im Team zu planen.
- In letzter Zeit hat er Probleme mit Mathe. Früher hätte er seine schlechten Noten einfach ignoriert. Heute weiß er, dass er genau in diesem Fach am meisten üben und nachfragen muss. Er sollte aufmerksam dem Unterricht folgen, denn er braucht für seinen zukünftigen Beruf ein gewisses Maß an mathematischen Kenntnissen.
- Er hat klare Ziele, was seinen Beruf betrifft. Er möchte, wie sein Opa, Schreiner werden. Aus diesem Grund hat er schon in allen Schreinereien im Umkreis ein Praktikum in den Ferien absolviert.
- Letzte Woche kamen Lehrstellenzusagen von drei Schreinereien! Er freut sich irre darüber. Ein Grund mehr, gute Noten zu schreiben …
- Nachmittags trifft er sich regelmäßig mit Freunden zum Sport. Das ist ihm lieber, als alleine vor dem Computer zu sitzen. Die Clique ist echt groß geworden … Hier trifft er ganz selten auch Lucie, die echt Stress in der Schule hat.

Winni will was werden und tut was dafür!

- Fasst seine Einstellung als Tipps zusammen.
- Notiert jeden Tipp auf einer eigenen Karte.
- Präsentiert eure Ergebnisse der Klasse.

D3/3 Steckbrief Loser

Lucie Loser, 15 Jahre alt

- Lucie besucht die 9. Klasse. Sie macht nie ihre Hausaufgaben, denn sie ist froh, wenn sie endlich aus diesem „Scheißladen" Schule rauskommt. Da sie immer nur ihre Handtasche mit den wichtigsten Dingen (Handy, Schminke, Kohle, Kaugummis und Zigaretten) dabei hat, hat sie keinen Platz für Schulsachen. Ist auch eigentlich kein Stress, denn Papier und Stifte leiht sie sich einfach von Winni.
- Irgendwie sind Schule und Lernen nicht so ihr Ding. Sie findet keinen Zugang zu den Lehrern und dem Lernstoff. Sie schreibt auch ständig schlechte Noten und ist manchmal echt frustriert, wenn sie wieder die Schlechteste in der Klasse war. Aber die Lehrer könnten sich schließlich auch ein bisschen mehr bemühen und nicht immer so öden Unterricht machen!
- Letztens war die Verbindungslehrerin da, um abzufragen, wer bereit wäre, als Tutor mitzuarbeiten. Die spinnt wohl! Was sollen die Schüler denn noch alles machen? Und morgens noch die Kleinen vom Bus abholen, sie in der Pause bespaßen … da trifft sie sich doch immer mit den Zockerkumpels zum Rauchen …
- Das schlimmste Fach ist Mathe. Das kotzt sie inzwischen so an, dass sie entweder blaumacht oder während des Unterrichts mit dem Handy spielt. Die Hausaufgaben schreibt sie am nächsten Morgen schnell von Winni ab. Komisch, der hat's echt geschnallt. Letztes Jahr war der auch noch schlecht in Mathe.
- Wie? Praktikum in den Ferien? Ferien sind Ferien! Da hat sie sicher nichts vor, außer schlafen, stylen, shoppen und zocken … Außerdem weiß sie gar nicht, was sie werden will.
- Letzte Woche kamen vier Schüler mit Lehrstellenzusagen! Mann, haben die ein Glück! Sie hat zwar noch keine einzige Bewerbung geschrieben, aber wie sollte sie sich auch mit diesem Zeugnis irgendwo bewerben?
- Nachmittags nimmt Steffi sie manchmal zum Cliquen-Treffen mit. Normalerweise sitzt sie lieber daheim vor der Glotze. Die Clique ist echt groß geworden … Hier trifft sie auch Winni, der, ehrlich gesagt, ziemlich cool ist.

Lucie ist frustriert …

- Fasst ihre Einstellung zu Schule und Lernen zusammen.
- Notiert jeweils einen Grund für ihre Enttäuschung und ihr Versagen auf einer eigenen Karte.
- Präsentiert eure Ergebnisse der Klasse.

D3/4 Fragebogen

Meine Fähigkeiten – Das habe ich zu bieten
Meine Schwächen – Hier arbeite ich an mir

Meine Fähigkeiten im Überblick	++	+	0	–	—
Ich achte auf saubere, ordentliche Kleidung.					
Mir ist Pünktlichkeit wichtig.					
Ich benehme mich höflich gegenüber Lehrern, Mitschülern und Gästen.					
Ich habe Freude daran, mich in der Klasse/ Schule/… ehrenamtlich zu engagieren.					
Ich erledige meine Aufgaben zuverlässig.					
Ich arbeite konzentriert an Aufgaben und lasse mich nicht ablenken.					
Ich arbeite ausdauernd.					
Ich kann mich gut und verständlich ausdrücken.					
Ich kann fehlerfrei schreiben.					
Ich kann Sachtexte lesen und verstehen.					
Ich kann Informationen aus Texten herausfinden.					
Ich kann Gedichte oder Vokabeln auswendig lernen.					
Ich nutze den Computer, um Informationen zu suchen.					
Ich kann anderen Sachverhalte erklären.					
Ich beherrsche die Grundrechenarten.					
Ich kann mit einem Partner zusammenarbeiten.					
Ich kann mich in einer Gruppe unterordnen.					
Ich übernehme Verantwortung in einer Gruppe.					
Ich kann meine Ergebnisse präsentieren.					
Ich kann Kritik annehmen.					
Ich kann konstruktiv kritisieren.					

D3/5 Auswertung und Arbeitsblatt

Meine **Fähigkeiten** – Das habe ich zu bieten	Meine **Schwächen** – Hier arbeite ich an mir
•	•
•	•
•	•
•	•
•	•
•	•
•	•

Meine Ziele bis ______________________	**Do it SMART!**
• ______________________ ______________________ • ______________________ ______________________ • ______________________ ______________________ • ______________________ ______________________	**Specific (eindeutig, genau):** Hast du klare Ziele aufgeschrieben? **Measurable (messbar):** Kannst du feststellen, ob du die Ziele erreicht hast? **Achievable (angemessen, akzeptiert):** Sind deine Ziele erreichbar? **Realistic (realistisch):** Sind die Ziele umsetzbar? **Timed (terminiert):** Bis wann soll dein Ziel erreicht sein?

D4 Wir arbeiten wie die Profis

1. ZIELE

Wir wollen den Schülern vermitteln, dass ...

- ein ordentlicher Arbeitsplatz Grundvoraussetzung für strukturiertes Lernen ist.
- das Klassenzimmer als Arbeits- und Gemeinschaftsraum ein Ort sein sollte, an dem sich alle wohlfühlen und unabgelenkt lernen und arbeiten können.
- das Trinken während des Unterrichts nach bestimmten Regeln möglich ist. Das Trinken im Unterricht komplett zu verbieten, ist nicht sinnvoll, da viele Kinder und Jugendliche, wissenschaftliche Untersuchungen zeigen es, deutlich zu wenig trinken. Das wirkt sich negativ auf ihre Konzentration und Leistungsbereitschaft aus.
- im Unterricht nicht gegessen wird, sondern in den Pausen.
- Arbeitsmaterialien in ausreichender Menge und funktionstüchtig zum Unterricht mitgebracht werden müssen.

2. HINTERGRUNDINFOS

Ein ordentlicher Arbeitsplatz für jeden

- saubere Tischplatte
- geordnete Unterlagen
- müllfreie Fächer unter dem Tisch
- Mäppchen und alle benötigten Materialien auf dem Tisch
- den Inneren und äußeren Greifraum beachten (Innerer Greifraum = Bereich, den man mit angewinkelten Armen erreichen kann. Äußerer Greifraum = Bereich, den man mit gestreckten Armen erreichen kann)

Das Klassenzimmer als Aushängeschild für die professionelle Klasse

Ein ordentliches Klassenzimmer sollte so aussehen:

- freier Boden
- ordentliche Regale
- sortierte Bücher
- müllfrei
- Bilder mit System aufgehängt
- saubere Wände
- Fensterbänke abgeräumt, abgewischt und evtl. dekoriert
- Jacken sollten an der Garderobe hängen
- aktuelle Plakate sollten den Klassenraum verschönern
- Tische stehen ordentlich im Raum

Vollständige und funktionstüchtige Arbeitsmaterialien

Das gehört in die Schülertasche (je nach Jahrgang):

- Schere, Kleber, Lineal, Zirkel, Radiergummi, Spitzer
- Stifte, Bleistifte, Filzstifte
- Füller, Kugelschreiber, Textmarker und dicke Filzstifte
- Klebeband, Folienstifte

3. STUNDENBILD

Möglicher Verlauf der Stunde	Medien Methoden	Material
EINSTIEG **Einstieg mit Suchbild** Die Schüler äußern sich zum Bild und finden Dinge, die falsch sind. **Präsentation des Mottos: Wir arbeiten wie die Profis** **Impulse** • Was ist ein Profi? Wie arbeitet ein Profi? • Was ist das Besondere an einem Profi? • Wie wird man Profi? **Zielgedanke** Wir wollen Schulprofis werden/Wir arbeiten professionell!	Suchbild Merkregeln/ Motto-Karten	D4/2 D4/1
ERARBEITUNG **Was zeichnet einen Schulprofi aus?** • ein ordentlicher Arbeitsplatz • ein sauberer Arbeitsraum • vollständiges/funktionstüchtiges Werkzeug und Material **Gruppenarbeit arbeitsteilig** Drei verschiedene Arbeitsaufträge in Form kurzer Leittexte: **G1:** Ergebnis: Beispiel eines guten Arbeitsplatzes **G2:** Ergebnis: Planung „Ramadama im Klassenzimmer" **G3:** Ergebnis: Liste/Plakat vollständiges Material Arbeitszeit ca. 25–35 Minuten, anschließend Präsentation der Ergebnisse **Anmerkungen** **G2:** Für das Klassen-Ramadama sollte bei Bedarf ein Termin festgelegt werden! **G3:** Die Ergebnisse variieren natürlich je nach Klassenstufe.	Arbeits-anteilige Gruppen-arbeit	D4/3
SICHERUNG **Ausfüllen des Arbeitsblattes** Anstelle ausformulierter Merkregeln können die Schüler auch einen Arbeitsplatz zeichnen bzw. zu einer Abbildung eines Schülerpults Utensilien ausschneiden und aufkleben. **Alternative Möglichkeiten** Aufhängen der laminierten Merkregeln/Motto-Karten im Klassenzimmer. Ggf. Abschreiben der Regeln in ein Heft. Mülldienst einrichten oder „Tisch der Woche" benennen.	Arbeitsblatt Merkregeln/ Motto-Karten	D4/4 D4/1
AUSKLANG **Spiele** Besonders in den unteren Klassen bietet sich eine spielerische Form zum Ende der Unterrichtseinheit an: **Krempel-Würfeln:** Jeder Schüler würfelt einmal, die Anzahl der Augen zeigt an, wie viele Teile er aufräumen bzw. wegwerfen muss. **Apps über Google® Play Store:** Die Apps „Classroom Wash" oder „Classroom Cleaning": Diese kann der Lehrer auf sein Handy laden und Schüler damit spielen lassen. **Online spielen:** http://www.kinderspiele.de/thomasdiekleinelokomotive/klassenzimmeraufraeumen.html Messy Room: http://www.kostenlosonlinespielen.com/aufraeumspiel/ **Praktische Umsetzung:** Jeden Tag auf Einhaltung der Regeln achten. Regelmäßige Ramadama-Aktionen im Klassenzimmer durchführen.	Mehrere Würfel App über den Google® Play Store PC, Internet-zugang nötig	

4. KOPIERVORLAGEN

D4/1 Merkregeln/Motto-Karten

Wir arbeiten wie die Profis.

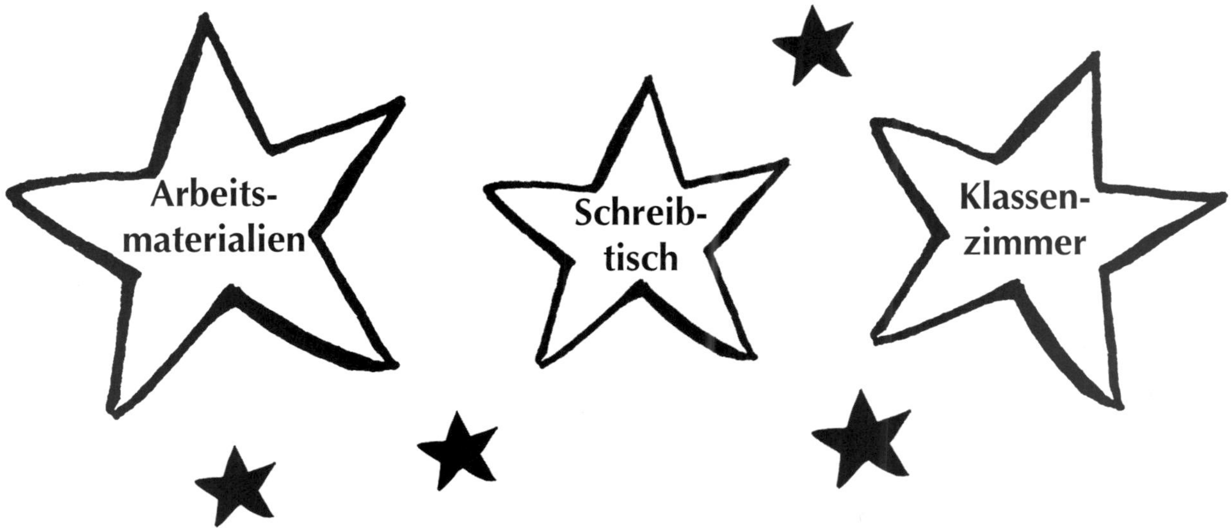

Arbeits-materialien

Schreib-tisch

Klassen-zimmer

Mein Arbeitsplatz ist ordentlich!

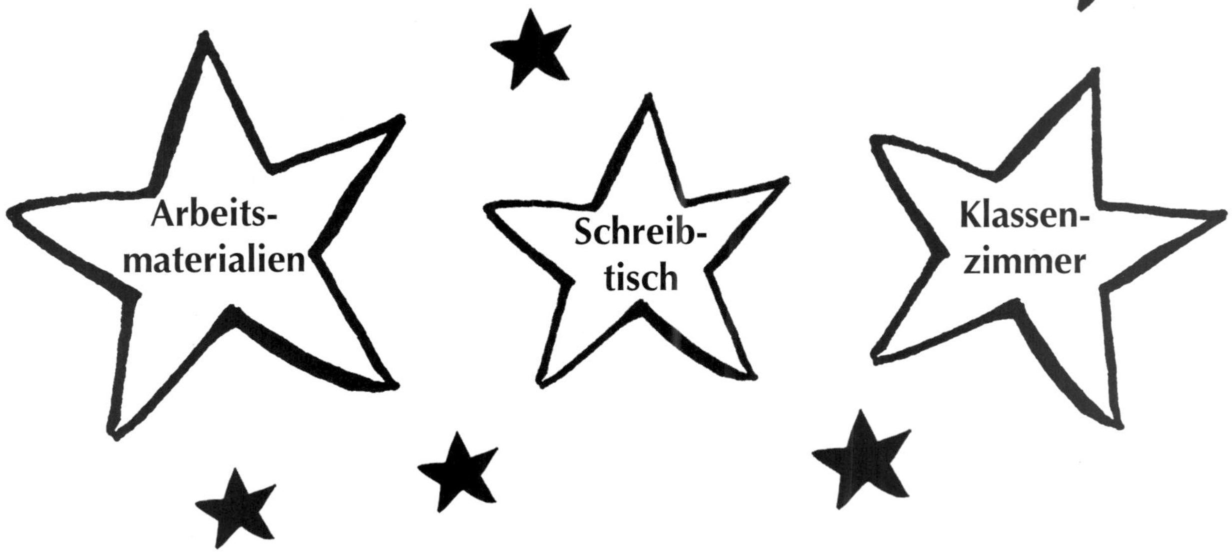

Arbeits-materialien

Schreib-tisch

Klassen-zimmer

Unser Klassenzimmer ist sauber und aufgeräumt!

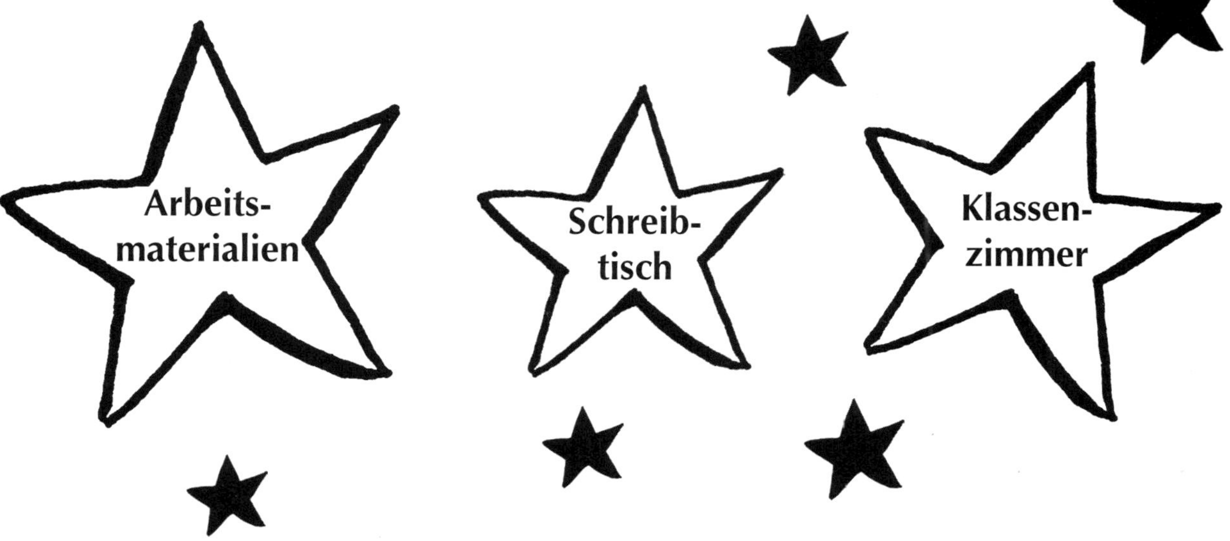

Ich sorge dafür, dass ich alle Materialien vollständig und funktionstüchtig dabei habe.

D4/2 Finde den Unterschied!

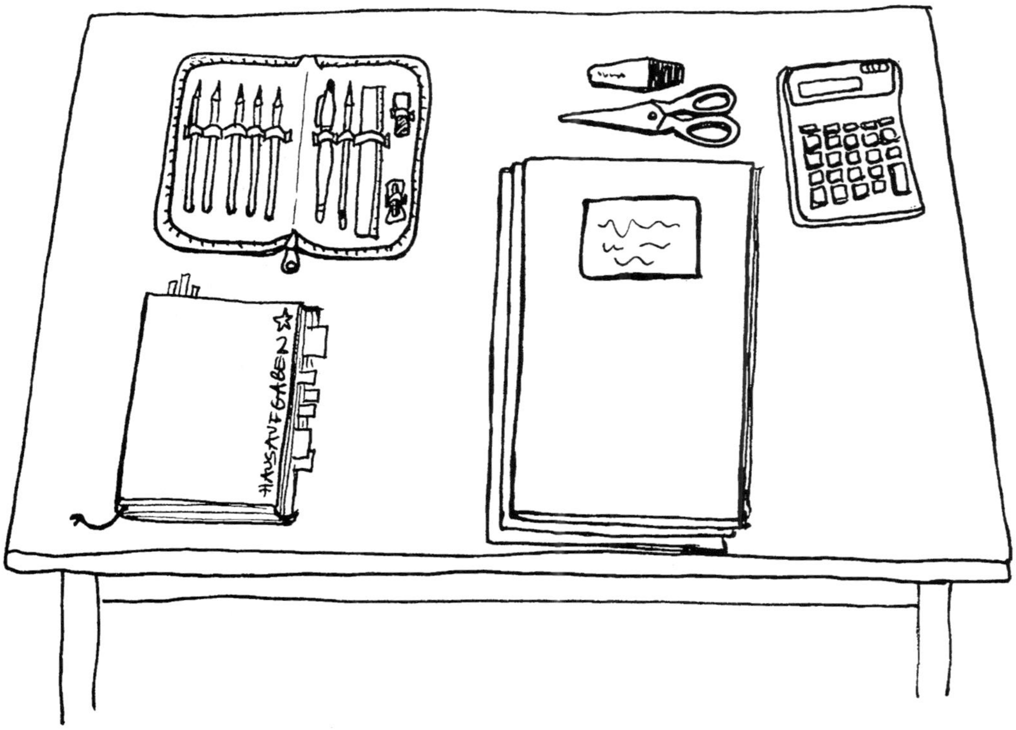

D4/3 Arbeitsteilige Gruppenarbeit (Arbeitsaufträge)

G1: Ergebnis: Beispiel eines guten Arbeitsplatzes/G2: Ergebnis: Planung „Ramadama im Klassenzimmer"/G3: Ergebnis: Liste und Demonstration vollständiges Material

GRUPPE 1: MEIN ARBEITSPLATZ

Zum Profi gehört ein ordentlicher Arbeitsplatz.
Überlegt euch gemeinsam, wie ein ordentlicher Arbeitsplatz in eurer Klasse aussieht. Jeder erstellt dazu eine Skizze mit einem Schülertisch und platziert dort die benötigten Materialien. Vergiss dabei das Fach unter dem Tisch nicht! Dann besprecht ihr in der Gruppe eure Vorschläge und einigt euch auf ein gemeinsames Ergebnis.
Nehmt nun einen Schülerarbeitsplatz und richtet ihn „wie die Profis" her! Anschließend stellt ihr das Ergebnis euren Mitschülern vor!

Mein Schreibtisch

GRUPPE 2: RAMADAMA IM KLASSENZIMMER

Zum Profi gehört ein sauberer Arbeitsraum.
Überlegt euch gemeinsam, wie ihr Ordnung in euerer Klasse schaffen könnt. Plant dazu eine Aufräum- und Putz-Aktion!
Jeder erstellt dazu eine Liste mit mindestens fünf Arbeiten, die zu erledigen sind. Dann besprecht ihr in der Gruppe eure Vorschläge und einigt euch auf ein gemeinsames Ergebnis in Form einer To-Do-Liste mit zehn unterschiedlichen Aufgaben. Entwerft dazu ein Worddokument mit den Aufgaben und einer Spalte, in die sich eure Mitschüler eintragen können. Anschließend stellt ihr das Ergebnis euren Mitschülern vor!

Unser Klassenzimmer

GRUPPE 3: OHNE WERKZEUG GEHT ES NICHT!

Zum Profi gehört vollständiges, funktionstüchtiges Werkzeug und Material. Überlegt euch gemeinsam, welche Materialien du jeden Tag griffbereit haben solltest und wo du sie aufbewahren kannst. Jeder erstellt dazu eine Liste mit den benötigten Materialien. Notiere, wo sie aufbewahrt werden sollten. Vergiss dabei das Fach unter dem Tisch nicht! Dann besprecht ihr eure Vorschläge in der Gruppe und einigt euch auf ein gemeinsames Ergebnis. Entwerft dazu ein Worddokument mit den benötigten Materialien und ihrem „Lagerort". Alternativ könnt ihr auch ein Plakat für die Klasse dazu gestalten!
Nun stellt ihr das Ergebnis euren Mitschülern vor.

Meine Arbeitsmaterialien

Material D4/4 Arbeitsblatt

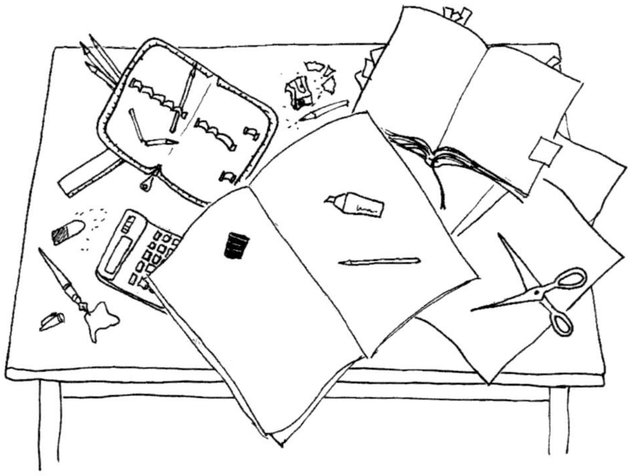

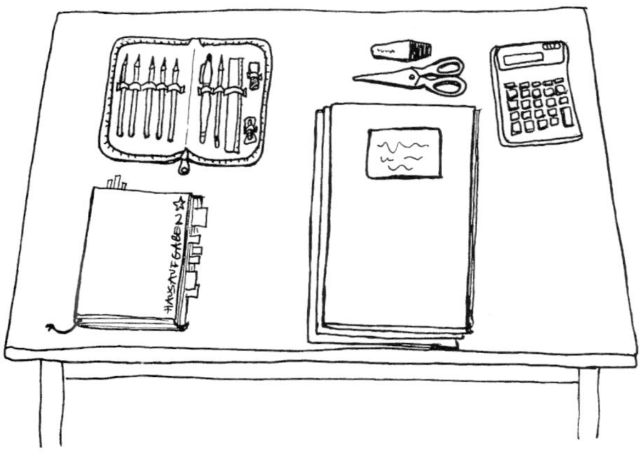

So sollte mein Arbeitsplatz aussehen:

- ______________________________
- ______________________________
- ______________________________
- ______________________________
- ______________________________
- ______________________________

Ramadama im Klassenzimmer	Das habe ich jeden Tag parat:
Termin: ______________	______________
Meine Aufgabe:	______________
______________	______________
______________	______________
______________	______________
______________	______________
______________	______________
______________	______________
______________	______________

D5 Meine Sprache – mein Aushängeschild

1. ZIELE

Wir wollen den Schülerinnen und Schülern vermitteln, dass …

- sich Menschen über ihre Sprache darstellen.
- Jugendsprache in der Peergroup zwar berechtigt, jedoch in allen anderen Situationen nicht unbedingt angemessen ist („Hi", „Alter" …) und höfliche Ausdrucksweise („Danke", „Bitte", „Wie Bitte?" statt „Häää?") ein positives Bild der Person vermittelt.
- Ein-Wort-Sätze und SMS-Sprache sehr wohl Zeit sparen, aber im Gespräch unvollständig wirken (Grammatik). Kraftausdrücke und Fäkalsprache in der Öffentlichkeit nichts zu suchen haben.

2. HINTERGRUNDINFOS

Was Sprache für die Zukunft der Schülerin und des Schülers bedeutet

Analog zur Auswahl der Kleidung müssen wir auch in Bezug auf die Art und Weise unseres Sprechens in einen bestimmten Rahmen passen. Die jeweilige Situation oder das entsprechende Berufsumfeld erfordern sprachlich eine gewisse Anpassung von uns. In den meisten Berufen ist die Kommunikationsfähigkeit ganz wichtig, deshalb sollte die Schule möglichst früh berufsorientierend wirken.

Wir verwenden Standardsprache

Wir müssen die Schülerin und den Schüler darauf hinweisen, dass die Verwendung von Jugendsprache im Gespräch mit Erwachsenen nicht angemessen ist. Natürlich kann und darf verständlicher Dialekt gesprochen werden. Lehrer (je früher, desto besser) und andere Erwachsene werden mit „Sie" angesprochen.

Wir praktizieren sprachliche Höflichkeitsformen

„Danke" und „Bitte" zu sagen, ist scheinbar aus der Mode gekommen. Wir, als Schule, haben die Pflicht, von unseren Schülern diese einfachsten Höflichkeitsformen einzufordern.
Hier gelten die simplen Regeln:

- **Bitte**, wenn wir etwas einfordern oder erbeten.
- **Danke**, wenn wir etwas erhalten.
- **Wie bitte**, wenn wir etwas nicht verstanden haben.
- **Entschuldigung**, wenn wir jemanden angerempelt oder gestoßen haben, ihm zu nahe getreten sind.

Dabei reißen wir niemandem etwas aus der Hand, werfen aber auch nichts hin und schreien nicht „Hääääää?". Auf das inzwischen wertlose „Tschuldigung – was kann ich dafür?" o. Ä. können wir verzichten. Es ist ganz wichtig, dass die Bedeutung der Entschuldigung, nämlich Reflexion – Reue – Wiedergutmachung, herausgearbeitet wird.

Wir formulieren grammatikalisch vollständige Sätze

Im E-Mail- und SMS-Zeitalter ist das Formulieren von vollständigen Sätzen nicht mehr aktuell. In der Schule sollten wir jedoch darauf Wert legen, dass unsere Schüler die grammatikalischen Grundregeln beachten. Bei „Ich geh Supermarkt!" fehlt eindeutig etwas!
Sätze im und außerhalb des Unterrichts bitte IMMER vervollständigen lassen. Wir sollten nur auf korrekte Fragesätze antworten! – Hart, aber anders wird's wohl nicht klappen.

Wir vermeiden Kraftausdrücke und Fäkalsprache

Eine klare und eindeutige Regel. Jedoch wird das Ganze etwas schwierig, wenn man beim Thema Jugendsprache nicht auf dem Laufenden ist. So ist die Bedeutung von z. B. *Opfer*, *fett* und *Honk* heute eine andere. Tipp: Ab und zu dazu im Internet recherchieren – es gibt etliche Seiten und Videos zum Thema …

3. STUNDENBILD

Möglicher Verlauf der Stunde	Medien Methoden	Material
EINSTIEG **Präsentation des Mottos** YouTube®-Video oder Bilder zum Thema ansehen „Meine Sprache – mein Aushängeschild" **Impulse** • Wie sprechen wir heute in der Jugendsprache? • Wie würdest du eine Ärztin empfinden, die in Jugendsprache redet, ein Lehrer, deine Eltern … • Wofür ist Sprache wichtig (eindeutige Kommunikation)? • Was möchtest du durch deine Sprache vermitteln? • Was vermittelt uns Sprache (Bildungsstand, Herkunft, Erziehung)? • … **Zielgedanke** Wir präsentieren uns durch unsere Sprache! o.Ä.	YouTube®-Video: Ausschnitt aus „Bibis Beauty Palace, Mein Opa erklärt die Jugendsprache oder meine Oma erklärt das Internet." Einstiegs-Bilder Merkregeln/ Motto-Karten	D5/2 D 5/1
ERARBEITUNG Arbeitsteilige Gruppenarbeit In sechs verschiedenen Gruppen erarbeiten sich die Schüler Grundsätze der angemessenen Sprache. Kartenabfrage und Clustern. Herausarbeiten der Merkregeln, z. B. **Wie präsentieren wir uns durch Sprache?** • Wir reden mit Vorgesetzten, Erwachsenen, Menschen in öffentlichen Berufen (Lehrern, Busfahrern, Ärzten, Kassierern …) höflich und in Standardsprache. • Wir drücken Höflichkeit aus, indem wir DANKE, BITTE, WIE • BITTE, ENTSCHULDIGUNG … sagen. • Wir formulieren grammatikalisch vollständige Sätze! Wir vermeiden Fäkalsprache und Kraftausdrücke!	Arbeitsaufträge Karten Stifte Merkregeln/ Motto-Karten	D5/3 D5/1
SICHERUNG **Arbeitsblatt** In verschiedenen Situationen reden wir unterschiedlich. Zusammenfassung der erarbeiteten Ergebnisse. Erarbeitete Merkregeln notieren. **Alternative Möglichkeiten** Aufhängen der laminierten Merkregeln/Motto-Karten im Klassenzimmer Ggf. Abschreiben der Regeln in ein Heft/Portfolio Belohnungssystem für besonders gelungene Formulierungen, besonders höfliches Auftreten … **Praktische Umsetzung** Die Sprache der Schüler im Blick behalten, immer auf Regelverstöße hinweisen und die Schüler verbessern. **Wettbewerb** Welche Klasse ist die höflichste? Fäkalsprache und Kraftausdrücke sofort unterbinden. **Murmelglas** Für jeden Kraftausdruck, Fäkalausdruck wandert eine Murmel in ein Glas. Durch höfliche Ausdrucksweise kann die Murmel für die Klasse „zurückerobert" werden. Nach einer festgesetzten Zeit wird – nach einem vorher beschlossenen Belohnungs- bzw. Konsequenzensystem – abgerechnet. **Spruchkarten** Schülerinnen und Schüler ziehen eine Karte und erklären den Spruch ihren Mitschülerinnen und Mitschülern.	Arbeitsblatt Merkregeln/ Motto-Karten Murmelglas Spruchkarten	D5/4 D5/1 D 5/5

D5/1 Merkregeln/Motto-Karten

Meine Sprache –
mein Aushängeschild

Wir reden mit Vorgesetzten, Erwachsenen, Menschen in öffentlichen Berufen höflich und in Standardsprache.

Wir drücken Höflichkeit aus, indem wir DANKE, BITTE, WIE BITTE, ENTSCHULDIGUNG ... sagen.

Wir vermeiden Fäkalsprache und Kraftausdrücke.

D5/2 Einstiegsbilder

D5/3 Arbeitsaufträge zur arbeitsteiligen Gruppenarbeit

Diskutiert in der Gruppe folgenden Sachverhalt:

Aylin hat ihre Freundin Sarah mit nach Hause genommen. Sarah kommt zur Tür herein und antwortet auf das „Guten Tag!" von Aylins Mutter mit einem „Servus". Später beim Essen denkt sie nicht daran, das Essen zu loben und verabschiedet sich spät am Abend mit einem Nicken und ohne ein Danke.
Aylin ist das Verhalten ihrer Freundin irgendwie peinlich …

Formuliert eine oder mehrere Regeln zum Thema: Meine Sprache – mein Aushängeschild! Notiert diese auf Karten!

Diskutiert in der Gruppe folgenden Sachverhalt:

Maximilian und seine Freunde sind unterwegs in die Stadt. An der Bushaltestelle steht eine ältere Dame, die sich fürchterlich über die grölenden Jungs aufregt. Als der Bus endlich kommt, stürmen alle los und schnappen sich die letzten freien Sitzplätze. Als die ältere Dame einen der Jungs bittet, einen Platz für sie frei zu machen, fangen die anderen lauthals an zu lachen und beschimpfen die Dame als … Maximilian ist das irgendwie peinlich. Er schämt sich …

Formuliert eine oder mehrere Regeln zum Thema: Meine Sprache – mein Aushängeschild! Notiert diese auf Karten!

Diskutiert in der Gruppe folgenden Sachverhalt:

Tobias: „Ich geh Aldi!"
Sabine: „Zu …!"
Tobias: „Wie … Aldi zu? Ich dachte bis acht?"
Woran scheitert die Kommunikation?

Formuliert eine oder mehrere Regeln zum Thema: Meine Sprache – mein Aushängeschild! Notiert diese auf Karten!

Diskutiert in der Gruppe folgenden Sachverhalt:

Mia ist fünf Jahre alt. Sie hat noch ältere Geschwister. Ihr Bruder Alex bringt einen Freund mit nach Hause. Mia darf mit den beiden zu Mittag essen.
Am nächsten Tag im Kindergarten wundert sich die Erzieherin über Mias Ausdrucksweise im Sandkasten: „Ist das ein blöder Sch…, f..ck…"
Mias Mutter ist das furchtbar peinlich, lässt es ihre Familie doch in einem schlechten Licht erscheinen …

Formuliert eine oder mehrere Regeln zum Thema: Meine Sprache – mein Aushängeschild! Notiert diese auf Karten!

Diskutiert in der Gruppe folgenden Sachverhalt und macht ein Rollenspiel:

Jurek ist zum Vorstellunggespräch eingeladen. Den Vorgesetzten kennt er schon vom Sehen, denn er war bei der Berufs-Messe in der Schule.

Spielt die Szene euren Klassenkameraden vor!

Diskutiert in der Gruppe folgenden Sachverhalt und macht ein Rollenspiel:

Du triffst deine Freunde nachmittags im Freibad. Jeder gibt eine Anekdote aus der Schule zum Besten. Du erzählst vom heutigen Wandertag.

Spielt die Szene euren Klassenkameraden vor!

D5/4 Arbeitsblatt Meine Sprache – mein Aushängeschild

Wir reden mit Vorgesetzten, Erwachsenen, Menschen in öffentlichen Berufen (Lehrern, Busfahrern, Ärzten, Kassierern …) ____________________ ____________________	Wir drücken Höflichkeit aus, indem wir ____________________ ____________________ ____________________ _______________ sagen.
Wir formulieren ____________________ ____________________ _______________ Sätze!	Wir vermeiden ____________________ _______________ und ____________________ ____________________ ____________________ ____________________ ____________________
Unter uns gesagt … Wenn du mit deinen Freunden unterwegs bist, darf es natürlich etwas lockerer zugehen. Trotzdem wünscht sich jeder ein freundliches Wort, ein gewisses Maß an Höflichkeit und Respekt.	Diese Ausdrücke sind verboten: ____________________ ____________________ ____________________ ____________________ ____________________

D5/5 Spruchkarten

Was sagen die Sprüche auf den Karten aus?

A

Die Sprache kann durchaus endgeil und vollfett sein – man muss sie nur in ihrem entsprechenden Biotop sprechen.

Wolfgang J. Reus (1959–2006), deutscher Journalist, Satiriker, Aphoristiker und Lyriker

Erkläre deinen Mitschülern, was dieser Spruch wohl bedeuten könnte.

B

Einen Menschen erkennt man an der Sprache.

Jüdisches Sprichwort

Erkläre deinen Mitschülern, was dieser Spruch wohl bedeuten könnte.

C

Die Sprache gehört zum Charakter des Menschen.

Sir Francis von Verulam Bacon (1561–1626), englischer Philosoph, Essayist und Staatsmann, entwarf die Methodologie der Wissenschaften

Erkläre deinen Mitschülern, was dieser Spruch wohl bedeuten könnte.

D

Geht achtsam mit den Wörtern um. Sie sind eures Geistes Kinder.

Wolfgang Lörzer (*1950), VHS-Dozent und Autor

Erkläre deinen Mitschülern, was dieser Spruch wohl bedeuten könnte.

E

Sätze sind zum Denken gemacht, nicht zum Plappern. Sätze machen Menschen – das lässt sich nicht umkehren. Konkret heißt das: Denke in Sätzen und werde ein Mensch.

Walter Fürst (*1932), Schweizer Aphoristiker

Erkläre deinen Mitschülern, was dieser Spruch wohl bedeuten könnte.

F

Die Sprache ist die Kleidung der Gedanken.

Samuel Johnson (1709–1784), Schriftsteller und Gelehrter

Erkläre deinen Mitschülern, was dieser Spruch wohl bedeuten könnte.

G

Slang ist der durchgescheuerte Hosenboden der Sprache.

Truman Capote (1924–1984), Schriftsteller

Erkläre deinen Mitschülern, was dieser Spruch wohl bedeuten könnte.

H

Das Menschlichste, was wir haben, ist doch die Sprache, und wir haben sie, um zu sprechen.

Theodor Fontane (1819–1898), Schriftsteller

Erkläre deinen Mitschülern, was dieser Spruch wohl bedeuten könnte.

I

Sprache ist ein Verkehrsmittel; so wie die Eisenbahn die Güter von Leipzig nach Dresden fährt, so transportiert die Sprache die Gedanken von einem Kopf zum anderen.

Wilhelm Ostwald (1853–1932), dt. Chemiker, Physiker u. Philosoph

Erkläre deinen Mitschülern, was dieser Spruch wohl bedeuten könnte.

J

Jeder Mensch hat seine eigene Sprache. Sprache ist Ausdruck des Geistes.

Novalis, (1772–1801), eigentlich Georg Philipp Friedrich Leopold Freiherr von Hardenberg, deutscher Autor von Gedichten

Erkläre deinen Mitschülern, was dieser Spruch wohl bedeuten könnte.

D6 Clean Class – Cool Class

1. ZIELE

Wir wollen den Schülerinnen und Schülern vermitteln, dass …

- ein sauberes Klassenzimmer und Schulhaus ein Zeugnis der darin arbeitenden Schülerinnen, Schüler und Lehrerinnen und Lehrer ist.
- Fußabdrücke an Wänden nichts verloren haben, Wände sauber bleiben sollen und ggf. gereinigt werden müssen. Schmierereien an Wänden, Tischen, Schränken, Türen ... alles andere als cool sind. Das fällt unter Sachbeschädigung und wird dementsprechend geahndet.
- Müll und Essensreste in den Mülleimer gehören und nicht auf den Boden, unter Schulbänke, in Toiletten, auf Treppen, in Büsche. Auch hier wird jeder Schüler, zu jeder Zeit von jedem Lehrer, zur Beseitigung herangezogen.
- Spucken oder sonstiges Verteilen von Körpersäften absolut ekelhaft ist und den Verursacher dementsprechend outet.
- Toiletten sauber hinterlassen werden.

2. HINTERGRUNDINFOS

„Ordnung ist das halbe Leben", sagt ein altes Sprichwort. Für Sauberkeit und Ordnung im Klassenzimmer, im Schulhaus und im Pausenhof sind wir alle verantwortlich.

Was zeichnet ein sauberes und ordentliches Klassenzimmer und Schulhaus aus?

- saubere Wände und Türen, keine Schmierereien, kein Müll außerhalb der Mülleimer
- Spuckverbot, saubere Böden, saubere Toiletten

Saubere Wände und Türen
Wände und Türen sollten nicht mit Fußabdrücken oder Bällen verschmutzt werden. Ebenso wollen wir keine Flecken oder schmutzigen Abdrücke an den Wänden vorfinden.

Schmierereien
Wir dulden keine Schmierereien an Wänden, Türen, Tischen, Stühlen oder sonstigem Schulinventar. Schmutz dieser Art wird (an Nachmittagen) von der ganzen Klasse entfernt.

Müllentsorgung
Die Müll-Entwicklung an den Schulen hat extreme Ausmaße angenommen. Wir wollen alle gemeinsam darauf achten, dass Müll und Essensreste ordnungsgemäß entsorgt werden. Die Wirkung ließe sich drastisch erhöhen, wenn jeder Lehrer, zumindest für den Anfang, jeden Müll (auf dem Boden, unter der Bank, auf der Treppe, im Schulhof …) aufheben ließe und die Entsorgung beaufsichtigen würde.

Spucken
Das Spucken ist eine Unart, die sich sehr ausgebreitet hat. Hier sollten wir ein generelles Spuckverbot aussprechen und Schüler darauf ansprechen.

Sauberer Boden
Beim Betreten des Schulgebäudes streifen wir unsere Schuhe ab. Herumliegende Abfälle heben wir auf.

Das Wohlfühl-Klo
In den Toilettenräumen achten wir auf Sauberkeit. Wir werfen keine Gegenstände in die Toiletten. Wir benutzen die Spülung und waschen uns die Hände.

3. STUNDENBILD

Möglicher Verlauf der Stunde	Medien Methoden	Material
EINSTIEG **Wimmelbild vom Chaos-Klassenraum** Wie sieht es denn hier aus? Diskussion darüber, ob das Klassenzimmer so in Ordnung ist. **Präsentation des Mottos** Mein Wohlfühl-Klassenzimmer: Wie und warum? **Impulse** • Wann fühlt sich ein Mensch wohl? • Welche Arbeitsatmosphäre benötigt ein motivierter Mitarbeiter? • Wofür ist Sauberkeit wichtig? • Wie reagieren Gäste auf unsere Schule? **Zielgedanke** Wir wollen unsere Schule sauber halten! o.Ä.	Wimmelbild Brainstorming auf Folie oder Tafelanschrieb Merkregeln/ Motto-Karten	D6/2 D6/3 D6/1
ERARBEITUNG **„Wie sieht ein Wohlfühlarbeitsplatz, ein Wohlfühlklassenzimmer aus?"** Wimmelbild aufgreifen und diese Frage stellen. **Arbeitsteilige Gruppenarbeit** GA 1: Formuliert Tipps zur Reinhaltung und Ordnung im Klassenzimmer! GA 2: Zeichnet ein positives Klassenzimmer – Wimmelbild! GA 3: Sheriffs – Verteilt grüne und rote Karten! GA 4: Ordnungsdienste und Dienstplan erstellen Gruppenpräsentationen durch Gruppensprecher **Mögliche Ergebnisse** Was zeichnet ein sauberes und ordentliches Klassenzimmer und Schulhaus aus? • saubere Wände und Türen, keine Schmierereien • kein Müll außerhalb der Mülleimer • Spuckverbot • saubere Böden • saubere Toiletten	Wimmelbild Arbeitsaufträge	D6/2 D6/4
VERTIEFUNG **5S-Methode** Ordnung und Sauberkeit sind Grundvoraussetzungen zur Verbesserung der Arbeitsprozesse, welche an ihnen ablaufen. Als methodisches Werkzeug kann die sogenannte 5S-Methode aus dem Lean Management angewendet werden: Die fünf S der 5S-Methode stehen für: • Sortiere aus (Aussortieren) • Sichtbare Ordnung schaffen (Aufräumen) • Sauber halten (Arbeitsplatz sauber halten) • Standardisieren (Regeln vereinbaren) • Selbstdisziplin leben (Alle Punkte einhalten, wiederholen und verbessern)	Wortkarten 5S-Methode	D6/5
SICHERUNG **Informationsblatt**: Zusammenfassung **Alternative Möglichkeiten:** Aufhängen der laminierten Merkregeln im Klassenzimmer Ggf. Abschreiben der Regeln in ein Heft/Portfolio, Aufhängen der Plakate, Tipps und Dienstpläne **Praktische Umsetzung:** Dienstplan umsetzen, Sheriffs kontrollieren regelmäßig „rote" Ecken Putzaktionen oder Klassenzimmer-Wettbewerbe, regelmäßige Kontrollen mit Checkliste	Informations-blatt Merkregeln/ Motto-Karten Checkliste	D6/6 D6/1 D6/7

4. KOPIERVORLAGEN

D6/1 Merkregeln/Motto-Karten

Ich halte das Klassenzimmer und Schulhaus sauber und ordentlich.

Tische, Wände und Fußböden bleiben sauber!

Toiletten hinterlasse ich so, wie ich sie vorfinden möchte.

Meine Spucke bleibt bei mir!

Sämtlichen Müll und Essensreste werfe ich in die dafür vorgesehenen Mülleimer.

D6/2 Bild zum Einstieg

Was läuft hier schief?

D6/3 Folie/Brainstorming

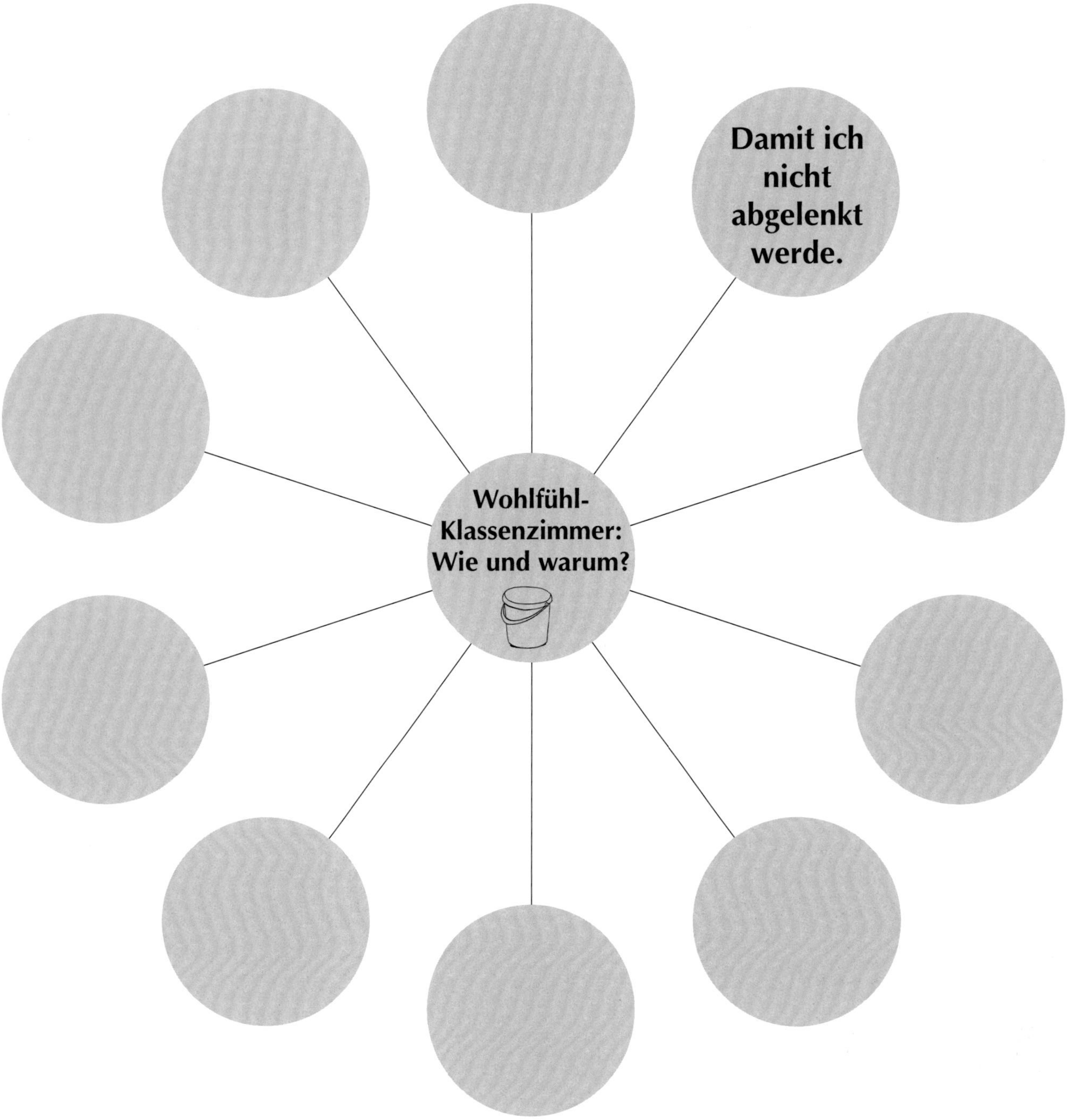

Damit ich nicht abgelenkt werde.

Wohlfühl-Klassenzimmer: Wie und warum?

D6/4 Arbeitsaufträge zur arbeitsteiligen Gruppenarbeit

Gruppe1: Die Berater

Ihr seid das Beratungsteam eurer Klasse!

Formuliert Tipps, wie euer Klassenzimmer zu einem Wohlfühl-Klassenzimmer werden kann.

Benennt einen Sprecher und präsentiert eure Ergebnisse der Klasse.

Gruppe 2: Die (Raum-)Gestalter

Ihr seid die Raumgestalter eurer Klasse!

Zeichnet gemeinsam ein Wohlfühl-Klassenzimmer auf ein Plakat!

Überlegt dabei, wie ein Klassenzimmer gestaltet sein sollte, in dem sich jeder wohlfühlen und ordentlich arbeiten kann. Benennt einen Sprecher und präsentiert eure Ergebnisse der Klasse.

Gruppe 3: Die Sheriffs

Ihr seid die Sheriffs eurer Klasse!

Verteilt grüne und rote Karten!

Grün: Hier passt die Ordnung und Sauberkeit – ein Wohlfühlort!
Rot: Hier muss unbedingt sauber gemacht und Ordnung geschaffen werden – kein Wohlfühlort!

Benennt einen Sprecher und präsentiert eure Ergebnisse der Klasse.

Gruppe 4: Die Dienstherren

Ihr seid die Organisatoren eurer Klasse!

Erstellt einen Ordnungs- und Dienstplan für eure Klasse!

- Überlegt dabei, welche Dienste ihr braucht, um zu einem Wohlfühl-Klassenzimmer zu kommen.
- Erstellt einen Dienstplan in Tabellenform mit Zeitangaben.
- Benennt einen Sprecher und präsentiert eure Ergebnisse der Klasse.

D6/5 Wortkarten für die 5S-Methode (Vertiefung)

Aussortieren

Sichtbare Ordnung schaffen (Aufräumen)

Sauber halten

Standardisieren

(Regeln vereinbaren)

Selbstdisziplin leben

(Alle Punkte einhalten, wiederholen und verbessern)

D6/6 Informationsblatt

Ordnung und Sauberkeit

„Ordnung ist das halbe Leben", sagt ein altes Sprichwort. Für Sauberkeit und Ordnung im Klassenzimmer, im Schulhaus und im Pausenhof sind wir alle verantwortlich.

Ich bemühe mich, das Klassenzimmer und Schulhaus sauber und ordentlich zu halten, indem ich …

- die Wände weder mit Fußabdrücken noch mit sonstigen schmutzigen Gegenständen verunreinige.
- die Toiletten so hinterlasse, wie ich sie gerne vorfinden möchte.
- nicht spucke und damit Keime und vieles mehr verteile.
- weder Tische noch Bänke, Türen oder Wände oder sonstiges schulisches Inventar beschmiere.
- sämtlichen Müll und Essensreste in die dafür vorgesehenen Mülleimer werfe.

Zur Erhaltung der Sauberkeit kann ich jederzeit von jedem Lehrer zur Beseitigung des Mülls aufgefordert werden.

____

Unterschrift

Die fünf S der **5S-Methode** stehen für:

1. Sortiere aus
2. Sichtbare Ordnung schaffen (Aufräumen)
3. Sauber halten
4. Standardisieren (Regeln vereinbaren)
5. Selbstdisziplin leben (Alle Punkte einhalten, wiederholen und verbessern)

D6/7 Checkliste

Was?	Wer?	Wann?
Müll entsorgen		
Stühle auf die Tische stellen		
Kehren		
Bücher sortieren		
Schulbänke aufräumen		
Tische gerade hinstellen		
Schuhe/Sportsachen aufräumen		
Blumen/Pflanzen gießen		
Lüften und Fenster schließen		
Pinnwände gestalten/ aussortieren		
Waschbecken reinigen		
Tafel putzen und Kreide besorgen, Lappen und Schwämme ggf. austauschen		
Fensterbänke abwischen		
Schränke abwischen		
Schränke entrümpeln, Inventar sortieren		
Tische kontrollieren nach Schmierereien		
…		

D7 Ich kleide mich angemessen

1. ZIELE

Wir wollen den Schülern vermitteln, dass ...

- Kleidung Ausdruck einer bestimmten Einstellung ist.
- es Freizeit- und Berufskleidung gibt.
- Kleidung dem Anlass entsprechen sollte (Bewerbungsgespräch, Strandparty, Abschlussball, Club und Schule).
- saubere Kleidung selbstverständlich sein sollte.

2. HINTERGRUNDINFOS

Was bedeutet „angemessene Kleidung"?

Immer wieder stehen wir als Lehrer erstaunt vor Schülern und wundern uns über deren Kleidungsstil. Was in der Freizeit sicherlich absolut „in" ist, muss nicht zwangsläufig in der Schule angemessen sein. In Deutschland gibt es keine Schuluniformen und wie in den meisten Fällen ist es gar nicht so einfach, mit der herrschenden Freiheit umzugehen. Demzufolge ist es von großer Bedeutung, dass die uns anvertrauten Kinder aufgeklärt werden über die Wirkung von Kleidung in unterschiedlichen Situationen. Wir gehen bewusst nicht auf Kleidung ein, die der Figur entspricht; dies wäre zu speziell und auch persönlich. Doch könnte genau dieses Thema der Anlass für eine liebevolle Typberatung werden ...

Kleidung entsprechend der Tätigkeit

Die Schülerinnen und Schüler sollen die Schule als Arbeitsort verstehen. Die Kleidung sollte dementsprechend angemessen sein.

Angemessen bedeutet:

- Sportkleidung für den Sportunterricht
- Arbeitskleidung für die verschiedenen Fachunterrichte (z. B. Werken, Kochen, Kunst)
- Ordentliche, bequeme Kleidung, die Sitzen, Treppensteigen und Laufen möglich macht.
- Warme Kleidung im Winter, luftige Kleidung für den Sommer (wir haben immer wieder Schüler, die im Winter kurze Hosen tragen und im Sommer Wollmützen auf dem Kopf haben ...)

Altersgemäße Kleidung

„Halten können, was die Kleidung verspricht!" – ist ein Motto, über das Sie im Unterrricht sprechen sollten. Vor allem Mädchen kleiden sich oft sehr aufreizend und realisieren evtl. nicht, dass ihr Kleidungsstil eine bestimmte Außenwirkung hat.

Saubere Kleidung

Für manche unserer Schüler leider keine Selbstverständlichkeit. Wir wollen das Thema Sauberkeit und Hygiene kurz ansprechen und betroffene Schüler bei Bedarf konkret unter vier Augen ansprechen.

No-Go-Kleidung

Konkrete Verbote für folgende Kleidungsstücke:

- T-Shirts mit bestimmten Aufdrucken (meist auf Englisch – bitte genau lesen, oft wundert man sich, was da eigentlich steht ...)
- Hotpants und Baggy Pants, die den halben Hintern zeigen
- Tiefe Ausschnitte, die zu viel zeigen, sowie bauchfreie Shirts, Highheels

Wir bieten Schülern, die sich nicht an den Kleiderkodex halten, „Ersatzkleidung" (simple T-Shirts oder ausgemusterte Herrenhemden) oder Gürtel für die Hosen an.

3. STUNDENBILD

Möglicher Verlauf der Stunde	Medien Methoden	Material
EINSTIEG **Wir kleiden uns angemessen** Impulse in Form von Bildkarten anbieten und/oder Fragen stellen: • Welche Tätigkeit üben die Menschen aus? • Welche Kriterien gibt es für die Kleiderwahl? (Mode, • Jahreszeit, Tätigkeit, Anlass …) • Was stellen wir durch Kleidung dar? (Wir präsentieren das Elternhaus, die Schule, den eigenen Geschmack und Stil …) • Wie reagieren andere auf unsere Kleidung? ... **Zielgedanke** Wir kleiden uns angemessen! o.Ä.	Bilder von Menschen in unterschiedlichen Kleidern und Uniformen Merkregeln/ Motto-Karten	D7/2 D7/1
ERARBEITUNG **Welche Bedeutung hat Schule im Leben unserer Schüler?** Es ist wichtig, dass die Schüler begreifen, dass Schule für sie ein Lern- und Arbeitsort ist. Genauso wie ihre Eltern, gehen auch sie einer Arbeit nach. An ihrem Arbeitsort erwarten sie verschiedene Tätigkeiten: sitzende Tätigkeiten, handwerkliche Tätigkeiten (Werken, Kochen …), sportliche Tätigkeiten (Sport in der Halle und im Freien). Sie kleiden sich entsprechend. Privat unternehmen sie wiederum andere Dinge und kleiden sich entsprechend. **Foto-Story: Meine Kleidung** Die Schüler sollen jeweils eine eigene Foto-Story von ihrem Tagesablauf erstellen. Dazu machen sie Selfies von sich in verschiedenen Situationen: Morgens vor der Schule, in der Schule, beim Sport am Nachmittag, beim Familie-Cafe bei der Oma, unterwegs mit Freunden oder im Club. Sie drucken diese aus, kleben diese auf ein farbiges Tonpapier und dokumentieren ergänzend, was sie gerade getan haben und wie sie gekleidet waren. Alle Collagen werden im Klassenzimmer aufgehängt und es wird gemeinsam untersucht: Wie war man wann gekleidet? War das so in der Situation angemessen? Kann man etwas am jeweiligen Outfit verbessern? Alternativ können die Selfies direkt am Smartphone oder über den Computer gezeigt werden. Auch eine Präsentation über soziale Netzwerke wäre prinzipiell möglich. Anschließend Merkregeln formulieren und begründen lassen: Wir wählen Kleider entsprechend unserer Tätigkeit (Sport, Freizeit, Schule, Club …). Anhand von möglichen Negativbeispielen erarbeiten wir mit den Schülern weitere Aspekte angemessener Kleidung, ohne dabei persönlich auf einzelne Schüler einzugehen. Merkregeln formulieren und begründen lassen: • Wir achten auf saubere Kleidung • Wir verzichten auf bestimmte T-Shirt- Aufdrucke, Hotpants, bauchfreie Tops, tiefe Ausschnitte, hängende Hosen … In manchen Klassen/Gruppen kann es zuweilen auch notwendig sein, auf den Aspekt der altersgemäßen Kleidung einzugehen.	Bilder von Schülern beim Schreiben, Sporteln, Malen, Vortrag halten Smartphone, Computer, Drucker, Plakat, Schere, Klebstift, Stifte Merkregeln/ Motto-Karten	D7/3 D7/1
SICHERUNG Arbeitsblatt: Zusammenfassung der erarbeiteten Ergebnisse **Alternative Möglichkeiten:** • Aufhängen der laminierten Merkregeln im Klassenzimmer • Ggf. Abschreiben der Regeln in ein Heft/Portfolio • Arbeit mit den Situationskarten in Einzel- oder Partnerarbeit bzw. im Klassenverband • Besonders in den unteren Klassen bietet sich eine spielerische Form zum Ende der Unterrichtseinheit an, z.B. Spiel „Wer bin ich?"	Arbeitsblatt Merkregeln/ Motto-Karten Situationskarten Spielanleitung im Internet	D 7/5 D7/1 D 7/4

D7/1 Merkregeln/Motto-Karten

Wir kleiden uns angemessen.

Wir wählen Kleidung entsprechend unserer Tätigkeit.

Wir achten auf saubere Kleidung.

In der Schule verzichten wir auf bestimmte T-Shirt-Aufdrucke, Hotpants und bauchfreie Tops.

D7/2 Begrüßungsbilder

D7/3 Bilder von Arbeitsbereichen der Schüler

D7/4 Situationskarten

A Du bist zu einem Vorstellungsgespräch eingeladen. **Wie kleidest du dich?**	B Du gehst zu einer Strandparty. **Wie kleidest du dich?**
C Die Verkäuferin beim Bäcker trägt Hotpants. **Was sagst du dazu?**	D Dein Lehrer kommt in Jogginghose und Muscleshirt zum Elternabend. **Was denkst du, würden deine Eltern sagen?**
E Du möchtest gerne Arzthelferin werden. **Worauf achtest du beim Vorstellungsgespräch?**	F Der Handwerker kommt in Anzug und blank polierten Schuhen. **Welchen Eindruck macht er auf dich?**
G Die Mädchengruppe kommt in engen Jeans und Ballerinas zum Sportunterricht. **Was denkt die Lehrerin?**	H Die Nachbarin ist ganz schwarz gekleidet. **Welchen Grund könnte es haben?**
I Der Versicherungsvertreter kommt mit schmutzigem Hemd und zerissener Hose. **Ein Grund mehr, die Lebensversicherung bei ihm abzuschließen?**	J Am Wandertag geht's in die Berge. **Welche Kleidung eignet sich?**

D7/5 Arbeitsblatt

Wir kleiden uns angemessen

Mit meiner Kleidung möchte ich zum Ausdruck bringen, dass ich …

- ☐ ____________________ ☐ ____________________
- ☐ ____________________ ☐ ____________________
- ☐ ____________________ ☐ ____________________
- ☐ ____________________ ☐ ____________________

z. B. cool, lässig bin, außergewöhnlich bin, reich bin, kein Interesse an Kleidung habe, ich meinen eigenen Stil habe, ich schon erwachsen bin, einer Clique zugehörig bin, mich verstecken möchte, modebewusst bin, aus gutem Haus komme, eine Lieblingsfarbe habe …

Deshalb trage ich am liebsten:

____

____

____

____

Angemessen bedeutet:

- Wir wählen Kleider entsprechend unserer ____________________ (Sport, Freizeit, Schule, Disco …).
- Wir achten auf ______________________________.
- Wir ____________________ auf bestimmte T-Shirt-Aufdrucke, Hotpants, bauchfreie Tops, tiefe Ausschnitte, hängende Hosen …

Zur Diskussion

Was hältst du von Schuluniformen? Diskutiere mit deiner Klasse Vor- und Nachteile!

Zu guter Letzt …

- Körperhygiene und Sauberkeit sind die Grundlage für ein gutes Outfit. Kein Anzug der Welt passt zu fettigen Haaren …

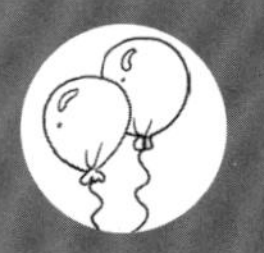

D8 Hinschauen statt wegschauen

1. ZIELE

Wir wollen den Schülern vermitteln, dass …

- jeder einzelne Verantwortung für die Schulgemeinschaft trägt – jeder muss zuerst auch auf sich selbst schauen, das eigene Verhalten reflektieren.
- bestimmte Verhaltensweisen das Miteinander erleichtern:
  - Türen aufhalten
  - nicht drängeln und schubsen (Rücksicht auf Kleinere beim Pausenverkauf)
  - auch im Schulhaus gelten höfliche Umgangsformen
  - lieber zu leise als zu laut sein (Im Schulhaus wird nicht herumgebrüllt, leise die Klassenzimmer wechseln …)
- man im Hinblick auf andere Zivilcourage zeigen muss (Müllsünder ansprechen, Streithähne beruhigen, statt anstacheln …)
- man für Sachbeschädigungen im Schulhaus erst dann richtig Ärger bekommt, wenn man sie NICHT meldet!

2. HINTERGRUNDINFOS

Bestimmte Verhaltensweisen erleichtern das Miteinander in der Schule

- nicht drängeln und schubsen (Rücksicht auf Kleinere beim Pausenverkauf)
- auch im Schulhaus gelten höfliche Umgangsformen
- lieber zu leise als zu laut sein (Im Schulhaus wird nicht herumgebrüllt, leise die Klassenzimmer wechseln …)
- Türen aufhalten, gegebenenfalls bei Tragen helfen

Was tun bei Regelverletzungen? Zivilcourage zeigen!

Schüler neigen leider auch dazu, über Regelverletzungen hinwegzusehen. „Was geht's mich an, ich war's nicht" sind schnelle Ausreden, wenn Müll auf dem Boden liegt, wenn Kleinere weggedrängelt werden oder wenn jemand schwer bepackt nicht durch die Tür kommt. Deswegen ist es nötig, auch im kleinen Rahmen einzugreifen, wenn gegen Regeln verstoßen wird:

- Müllsünder ansprechen
- Drängler nicht dulden
- seine Hilfe Schwächeren anbieten
- Petzen ist nicht immer uncool, sondern kann Ärger vermeiden
  Man bekommt zum Beispiel für Sachbeschädigungen im Schulhaus erst dann richtig Ärger, wenn man sie NICHT meldet!

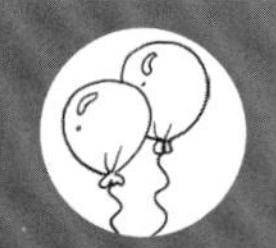

3. STUNDENBILD

Möglicher Verlauf der Stunde	Medien Methoden	Material
Zielgedanke 1 EINSTIEG **Zeigen der Karikatur** Was läuft hier schief? Kennst du ähnliche Situationen in der Schule? **Zielgedanke 1** Dein Verhalten erleichtert das Zusammenleben.	Karikatur von John Bell: Raser	D8/2
ERARBEITUNG **Placemat-Methode** Die Schüler teilen sich in Vierer-Gruppen auf. Jede Gruppe bekommt ein großes weißes Blatt (A3 oder größer). In die Mitte wird ein Rechteck gezeichnet und die Aufgabenstellung eingetragen. Der freie Platz um dieses Feld in der Mitte wird in vier Teile gegliedert. Jeder Schüler schreibt jetzt seine Gedanken zu dem Thema in der Mitte in „sein" Feld. Nach dieser ersten Schreibphase dreht die Gruppe die Blätter, um die Notizen der anderen zur Kenntnis zu nehmen und im Anschluss in einem Gespräch darüber zu diskutieren. Anschließend einigt sich die Gruppe auf die TOP 3 (bis Top 5) ihrer Ergebnisse/Verhaltenstipps. Diese werden sauber auf die vorbereiteten Karten geschrieben, für alle sichtbar an die Tafel/Wand gehängt und so der Klasse vorgestellt. Doppelnennungen werden natürlich entfernt! **Praktischer Hinweis** In unteren Jahrgangsstufen oder zum Zeitsparen vorher Placemats anfertigen, die sich jederzeit für Gruppenarbeiten verwenden lassen.	Merkregeln/ Motto-Karten Papier, DIN A3 oder größer für jede Gruppe Karten, blanko Placemats	D8/1
SICHERUNG Die Klasse einigt sich auf die drei wichtigsten Regeln, diese bleiben im Klassenzimmer hängen. Beispiele: Türen aufhalten, nicht drängeln und schubsen, im Schulgebäude grüßen wir alle, wir bieten Hilfe an, wir sind lieber zu leise als zu laut.	Regeln/Karten	
Zielgedanke 2 EINSTIEG **Mutig und bedacht sein im Umgang mit anderen** Kleineren/Schwächeren helfen/Müllsünder ansprechen, Streithähne beruhigen statt anstacheln …		
ERARBEITUNG **Regelübertretung** Die Tipps zum Verhalten, die ihr erarbeitet habt, sollten für alle selbstverständlich sein, aber was tut ihr, wenn ihr bemerkt, dass sie jemand nicht beachtet? Karte mit Situationen, in denen gegen Regeln verstoßen wird. Jeder Schüler erhält eine Situation zur Bearbeitung. **Arbeitsauftrag** Wie kannst du in dieser Situation vernünftig reagieren? Schreibe deine Lösung auf! Bedenke auch die Folgen, die deine Idee für die Beteiligten, auch für dich, haben wird! Notiere diese Konsequenzen!	Situationen „Regelübertretung" (ggf. auf DIN A3 vergrößern)	D8/3
SICHERUNG **Besprechung der Ergebnisse** Alle Schüler mit der gleichen Situation kommen in der Gruppe zusammen und besprechen die verschiedenen Lösungen. Die für Schüler beste Lösung wird ausgewählt. Anschließend wird der Fall der Klasse vorgestellt und die Lösung präsentiert. **Zusätzliche/Alternative Möglichkeiten** Aushang der laminierten Merkregeln.	Merkregeln/ Motto-Karten	D8/1

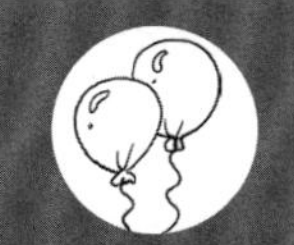

4. KOPIERVORLAGEN

D8/1 Merkregeln/Motto-Karten

Dein Verhalten erleichtert das Zusammenleben.

Wir bieten unsere Hilfe an.

Sprich Müllsünder und Drängler an. Zeige Zivilcourage!

Halte anderen die Türe auf.

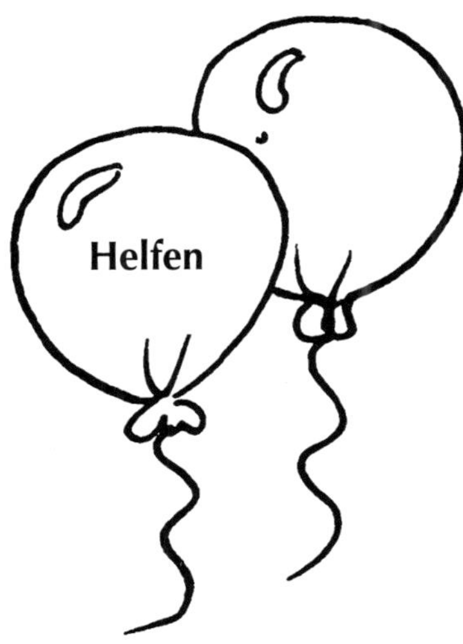

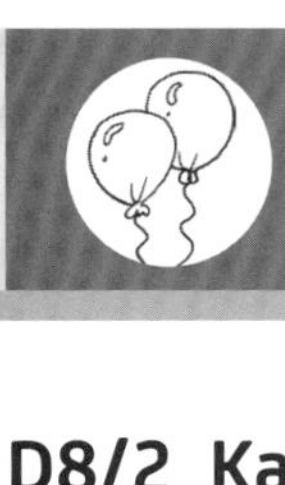

D8/2 Karikatur John Bell: Raser

John Bell: Maniac, 1999: John Bell, www. johnbellart.com

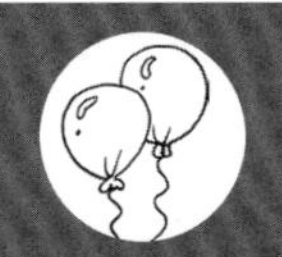

D8/3 Situationen Regelübertretung

A

**Beim Pausenverkauf drängelt sich der Siebtklässler vor den Viertklässler, der sich nicht traut, etwas zu sagen.
Du stehst hinter ihnen.**

Arbeitsauftrag:
Wie kannst du in dieser Situation vernünftig reagieren? Schreibe deine Lösung auf.
Bedenke auch die Folgen, die deine Idee für die Beteiligten, auch für dich, haben wird.
Notiere diese Konsequenzen.

Meine Idee:

____
____
____
____

Mögliche Folgen sind:

____
____
____
____

B

**Auf dem Schulklo geht's hoch her: Die zwei Achtklässler wetten, wer am höchsten an die Wand pinkeln kann.
Du kommst zufällig in die Toilette ...**

Arbeitsauftrag:
Wie kannst du in dieser Situation vernünftig reagieren? Schreibe deine Lösung auf.
Bedenke auch die Folgen, die deine Idee für die Beteiligten, auch für dich, haben wird.
Notiere diese Konsequenzen.

Meine Idee:

____
____
____
____

Mögliche Folgen sind:

____
____
____
____

C

Du hast es morgens eilig und bist auf dem Weg in deine Klasse. Vor dem Nachbarklassenzimmer steht ein Mädchen, das du nicht kennst. Es hat Krücken, seine Schultasche auf dem Rücken und auf dem Boden liegt sein Turnbeutel, der ihm heruntergefallen ist.

Arbeitsauftrag:
Wie kannst du in dieser Situation vernünftig reagieren? Schreibe deine Lösung auf.
Bedenke auch die Folgen, die deine Idee für die Beteiligten, auch für dich, haben wird.
Notiere diese Konsequenzen.

Meine Idee:

____
____
____

Mögliche Folgen sind:

____
____
____

D

Am Ende des Schultags bist du allein mit deinem Freund im Klassenzimmer. Er packt seine Sachen in die Tasche. Hm, die Flasche Cola, die er dabei hatte, ist schon halbleer und total abgestanden. Die will er nicht mehr trinken ... Schwupps, ab in die Ecke damit!

Arbeitsauftrag:
Wie kannst du in dieser Situation vernünftig reagieren? Schreibe deine Lösung auf.
Bedenke auch die Folgen, die deine Idee für die Beteiligten, auch für dich, haben wird.
Notiere diese Konsequenzen.

Meine Idee:

____
____
____

Mögliche Folgen sind:

____
____
____

D9 Schöne neue Medienwelt

1. ZIELE

Wir wollen den Schülern vermitteln, dass im Umgang mit Handy, PC und Co...

- nicht alles erlaubt ist, was möglich ist (Downloaden, Kopien anfertigen, Bilder einstellen...).
- es klare Regeln zum Copyright gibt.
- das Recht am persönlichen Bild nicht verletzt werden darf.

2. HINTERGRUNDINFOS

Das Thema Copyright bzw. dessen Verletzungen beschäftigen leider zunehmend Privatpersonen wie Firmen. Schulen werden von Rechtsanwaltskanzleien abgemahnt wegen rechtswidriger Verwendung von Fotos auf der Homepage, Eltern bekommen Zahlungsaufforderungen, weil das Kind unerlaubt Musik aus dem Internet heruntergeladen hat.

Was ist erlaubt, was nicht?

Eine kurze Übersicht, ohne Anspruch auf Vollständigkeit, mit den am häufigsten bei Kindern und Jugendlichen vorkommenden Situationen.

	Erlaubt	**Verboten**
Musik und Videos	Gekaufte Musik und Videos herunterzuladen	
Bei YouTube® hochgeladene Videos	Ansehen	Herunterladen und speichern
Selbstgedrehte Videos	Hochladen ohne Musik Mit selbstkomponierter Musik	Hochladen von Videos mit nicht lizenzfreier Musik Hochladen von Videos, in denen Personen vorkommen, deren Einwilligung man nicht hat
CDs brennen mit Musik	Für sich, für enge Freunde und Verwandte	Für andere (Bekannte, Mitschüler) Zum Verkauf anbieten Kopiergeschützte CDs brennen
MP3s erstellen	Für sich, für enge Freunde und Verwandte	Für andere (Bekannte, Mitschüler) Zum Verkauf anbieten MP3s aus kopiergeschützten Dateien erstellen
Spiele kopieren	Sicherungskopie (wenn man das Original besitzt)	Kopieren für andere, auch Verwandte Zum Verkauf anbieten
Musik spielen/ Filme zeigen (DVD/Video ...)	Im privaten Rahmen oder wenn Gebühren an die GEMA® bezahlt werden	Auf Partys, zu denen jeder kommen kann Auf öffentlichen Partys
Fotos	Eigene Fotos auf die Homepage/auf Facebook® stellen	Fotos von Freunden ohne deren Zustimmung ins Internet stellen oder per WhatsApp®/Snapchat® an andere verschicken
Bilder, die auf Bilddatenbanken gekauft wurden	Mit Lizenz	Nach Ablauf der Nutzungsdauer
Bilder oder Logos von Firmen	Mit Erlaubnis der Firmen	Ohne Erlaubnis der Firmen

3. STUNDENBILD

Möglicher Verlauf der Stunde	Medien Methoden	Material
EINSTIEG Was ist da denn los? Abmahnung Rechtsanwalt Alternative für höhere Klassen: Hast du schon einmal Partyfotos von jemandem zugeschickt bekommen, ohne dass der das wollte? **Präsentation des Mottos:** Der schwierige Umgang mit den Medien **Impulse:** Kannst du dir denken, warum Herr Unwissend so einen Brief bekommt? **Zielgedanke:** Schöne neue Medienwelt: Nicht alles, was möglich ist, ist auch erlaubt!	Fingiertes Anschreiben Merkregeln/ Motto-Karten	 D9/2 D9/1
ERARBEITUNG: LEGAL ODER ILLEGAL? **Abstimmung mit dem Daumen** L liest eine Situation vor, die Schüler entscheiden, ob sie die geschilderte Szene für zulässig oder illegal halten oder ob sie sich nicht sicher sind. **Alternative: Abstimmung mit den Füßen** Schüler positionieren sich im Klassenzimmer auf einer Linie zwischen legal und illegal. **Alternative: Abstimmung mit grünen, gelben und roten Karten** L klärt auf, welche Handlungen zulässig, welche illegal sind. Gegebenenfalls Hinweise auf Informationsseiten für Schüler im Internet: http://www.internetabc.info Lernmodul (für Jüngere) www.klicksafe.de: „Spielregeln im Internet" 1–3 als Broschüre zu bestellen bzw. herunterzuladen.	 Situationen	 D9/3
SICHERUNG Ausfüllen des Arbeitsblattes. **Alternative Möglichkeiten:** Aufhängen der laminierten Merkregeln im Klassenzimmer.	Arbeitsblatt Merkregeln/ Motto-Karten	D9/4 D9/1

4. KOPIERVORLAGEN

D9/1 Motto-Karten

Internet und Co. –
Was ist erlaubt?
Was ist nicht erlaubt?

Ich beachte das Recht
am eigenen Bild.

Ich nenne Autor und Quelle von Texten, wenn ich ein Referat erstelle.

Ich beachte das Urheberrecht.

D9/2 Fingiertes Anschreiben Abmahnung

Rechtsanwälte Klauer & Söhne
Rechtsallee 5
98000 Anwalting

Herrn Fridolin Unwissend
Ahnungslosstraße 7
00444 Nixkapiert

ABMAHNUNG wegen Urheberrechtsverletzung – Filesharing ...
ZAHLUNGSAUFFORDERUNG IN HÖHE VON 1678 €

Sehr geehrter Herr Unwissend,

in vorbezeichneter Angelegenheit zeigen wir an, dass uns die Firmen Mami Music und Lobby Music Entertainment mit der Wahrnehmung ihrer rechtlichen Interessen beauftragt haben. Gegenstand unserer Beauftragung ist eine über Ihren Internetanschluss im Internet begangene Urheberrechtsverletzung an den Filmwerken, TV Serien und Musik-Dateien unserer Mandantschaft.
Unsere Mandantin ist Inhaberin der ausschließlichen urheberrechtlichen Nutzungs- und Verwertungsrechte an diesen Produkten. Sie luden im Internet, als Teilnehmer eines sogenannten Peer-to-Peer-Netzwerkes, urheberrechtlich geschützte Filmwerke und Musik-Dateien der o.g. Firmen ...

D9/3 Typische Situationen Mediennutzung

A Franzi ist stocksauer. Soeben hat sie bei ihrer Freundin auf der Facebook®-Seite gesehen, dass diese das peinliche Partyfoto von letzter Woche eingestellt hat. Die ersten Kommentare sind schon zu lesen: „Aaahhh, Franzi in Action“ und „Franzi gaaaaanz breit“.	
B Oli ist glücklich. Sein neuestes Musikvideo auf Youtube® ist ein voller Erfolg. Er hat dazu aus zwei Songs vom weltberühmten Star „Milkyway“ einen Remix gemacht. 2000 Followern gefällt das.	
C Samy schämt sich. Ihr Ex-Freund hat das Foto, das sie ihm zum zweimonatigen Kennenlerntag geschickt hat, an alle seine Freunde per WhatsApp® verbreitet. Echt peinlich, dass sie darauf nichts außer einem Tanga trägt.	
D Dani ist der Held auf dem Schulhof: Er verteilt Kopien des neuesten X-Ray-Albums an alle, die eine haben wollen. Über 100 Kopien hat er nachts auf seinem PC gebrannt.	
E Tunay lädt zur Übernachtungsparty ein: Dafür hat sie extra zwei neue DVDs besorgt. Natürlich sagen alle fünf Freundinnen für das Filmeschauen zu.	
F Erkay ist stolz: Für sein Referat über Radioaktivität hat er eine Eins bekommen. Sein Handout für alle 25 Klassenkameraden war aber auch gespickt mit Fotos, Zitaten und Definitionen, die er aus dem Netz gefischt hat. Muss ja keiner wissen, dass das nicht von ihm ist.	
G Steffi hat ein neues Hobby: Sie kann 300 verschiedene Origami-Figuren falten. Von den drei tollsten dreht sie ein Video-Tutorial und lädt es bei YouTube® hoch. Stunden später hat sie 216 Likes!	

D9/4 Typische Situationen Mediennutzung – Arbeitsblatt

A	**Franzi und das peinliche Partyfoto bei Facebook®**
◯ erlaubt	◯ nicht erlaubt
Begründung: ______________________________	
B	**Oli und sein neuestes Musikvideo auf YouTube®**
◯ erlaubt	◯ nicht erlaubt
Begründung: ______________________________	
C	**Samy und ihr Nacktfoto auf WhatsApp®**
◯ erlaubt	◯ nicht erlaubt
Begründung: ______________________________	
D	**Dani und seine CD-Kopien für alle Freunde**
◯ erlaubt	◯ nicht erlaubt
Begründung: ______________________________	
E	**Tunay und ihre Filmparty**
◯ erlaubt	◯ nicht erlaubt
Begründung: ______________________________	
F	**Erkay und sein Referat mit Fotos und fremden Zitaten**
◯ erlaubt	◯ nicht erlaubt
Begründung: ______________________________	
G	**Steffi und ihr Tutorial auf YouTube®**
◯ erlaubt	◯ nicht erlaubt
Begründung: ______________________________	

LÖSUNGEN

D1/3 Rätsel

Rätsel Schwierigkeitsgrad 1

Welche Wörter findest du hier?

NEZTÄWHCS: S C H W Ä T Z E N

NERÖTS: S T Ö R E N

LLÜM: M Ü L L

NEKCIPS: S P I C K E N

Rätsel Schwierigkeitsgrad 2

Was verbirgt sich hier?

TGMNTEIIUL: M I T T E I L U N G

(tiebrahcaN): N a c h a r b e i t

vVwegrmwqeeims V e r w e i s

Es gilt nur jeder 2. Buchstabe!

Rätsel Schwierigkeitsgrad 3

Was verbirgt sich hier?

NEZTAT: T A T Z E N

K C O T S R H O R

R O H R S T O C K

WREIVES: V E R W E I S

N G R N

H A U M E

E R M A H N U N G

D1/4 Arbeitsblatt

Jede Schülerin und jeder Schüler hat das Recht, ungestört zu lernen.
Jede Lehrerin und jeder Lehrer hat das Recht, ungestört zu unterrichten.
Jede/r muss stets die Rechte der anderen Schüler respektieren.

Damit das klappt, haben wir für unsere Klasse folgende Vereinbarungen getroffen:

Individuelle Lösungen

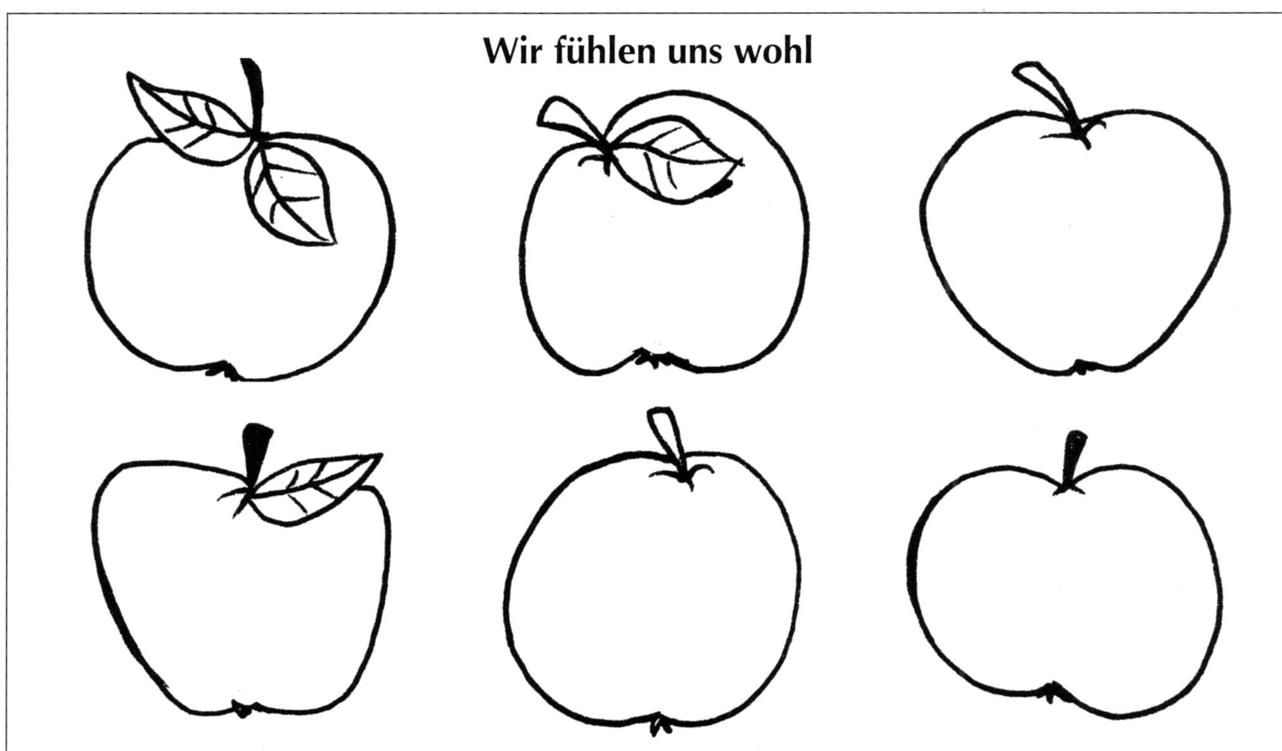

Wenn jemand die Vereinbarungen nicht einhält, muss er diese Konsequenzen befürchten:

Erziehungsmaßnahmen	Ordnungsmaßnahmen
Ermahnung	Verweis
Umsetzen	Verschärfter Verweis
Auszeit	Schulausschluss für mehrere Tage
Nacharbeit	Versetzung in eine Parallelklasse
Mitteilung	Versetzung an eine andere Schule

D2/4 Begrüßung in Beruf, Alltag oder Schule

Begrüßung im Beruf oder im Alltag

Fremde oder bekannte Erwachsene grüßen wir mit

- einem passenden Gruß: „Guten Morgen", „Guten Tag", „Guten Abend" oder „Hallo!".

Wenn bekannt, dann sprechen wir die Person mit Namen an und halten Blickkontakt.

In der Schule grüßen wir

- alle freundlich,

uns bekannte Lehrer mit dem Namen und einem Gruß,

fremde Personen mit „Guten Morgen", „Guten Tag" oder „Hallo".

Gruppen von Erwachsenen mit „Guten Tag zusammen!"

In der Klasse einigen wir uns auf ein Grußritual.

Um Besucher zu begrüßen, richten wir einen Grußdienst. ein.

D4/4 Arbeitsblatt Lösung

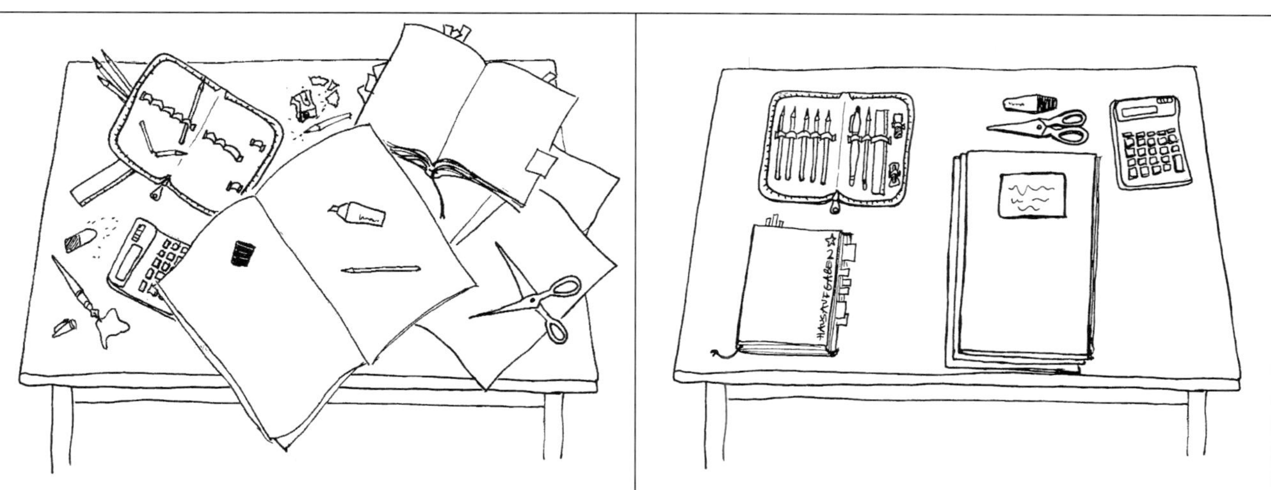

So sollte mein Arbeitsplatz aussehen:

- Die benötigten Arbeitsmaterialien liegen ordentlich auf dem Tisch bereit.
- Müll ist im Mülleimer.
- Das Frühstück für die Pause befindet sich in der Schultasche.
-

Rama Dama im Klassenzimmer Termin: ______________________ Meine Aufgabe: So sollte mein Arbeitsplatz aussehen: (Vorschlag) • Auf dem Tisch liegen nur die Dinge, die ich für das jetzige Fach brauche. • Papierschnipsel und sonstiger Müll gehören in den Abfall. • Getränke, Essen oder Handy bleiben in der Schultasche.	**Das habe ich jeden Tag parat:** Individuelle Ergebnisse je nach Klassenstufe

D5/3 Arbeitsblatt

Meine Sprache – mein Aushängeschild

Wir reden mit Vorgesetzten, Erwachsenen, Menschen in öffentlichen Berufen (Lehrern, Busfahrern, Ärzten, Kassierern …) **höflich und in Standardsprache**.	Wir drücken Höflichkeit aus, indem wir **DANKE, BITTE, WIE BITTE, ENTSCHULDIGUNG** sagen.
Wir formulieren **grammatikalisch vollständige** Sätze!	Wir vermeiden Fäkalsprache und Kraftausdrücke. Individuelle Lösungen
Unter uns gesagt … Wenn du mit deinen Freunden unterwegs bist, darf es natürlich etwas lockerer zugehen. Trotzdem wünscht sich jeder ein freundliches Wort, ein gewisses Maß an Höflichkeit und Respekt.	

D7/5 Arbeitsblatt

Wir kleiden uns angemessen

Mit meiner Kleidung möchte ich zum Ausdruck bringen, dass ich...

- ☐ Individuelle Lösungen
- ☐ ______
- ☐ ______
- ☐ ______
- ☐ ______
- ☐ ______
- ☐ ______
- ☐ ______

z. B. cool, lässig bin, außergewöhnlich bin, reich bin, kein Interesse an Kleidung habe, ich meinen eigenen Stil habe, ich schon erwachsen bin, einer Clique zugehörig bin, mich verstecken möchte, modebewusst bin, aus gutem Haus komme, eine Lieblingsfarbe habe …

Deshalb trage ich am liebsten:

______

Individuelle Lösungen

______

______

Angemessen bedeutet:

- Wir wählen Kleider entsprechend unserer Tätigkeit (Sport, Freizeit, Schule, Disco …).
- Wir achten auf saubere Kleidung.
- Wir verzichten auf ordinäre oder vieldeutige T-Shirt-Aufdrucke, Hotpants, bauchfreie Tops, tiefe Ausschnitte, hängende Hosen …

Zur Diskussion

Was hältst du von Schuluniformen? Diskutiere mit deiner Klasse Vor- und Nachteile!

Individuelle Lösungen

Zu guter Letzt…

- Körperhygiene und Sauberkeit sind die Grundlage für ein gutes Outfit. Kein Anzug der Welt passt zu fettigen Haaren …

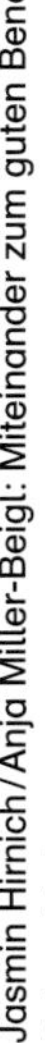

D9/4 Typische Situationen Mediennutzung – Arbeitsblatt

A	**Franzi und das peinliche Partyfoto bei Facebook**
○ erlaubt	(x) nicht erlaubt
Begründung: Verletzt das Recht am eigenen Bild, Abgebildete muss um Erlaubnis gefragt werden.	
B	**Oli und sein neuestes Musikvideo auf YouTube®**
○ erlaubt	(x) nicht erlaubt
Begründung: Urheberrechtsverletzung, Künstler hat Recht am eigenen Werk.	
C	**Samy und ihr Nacktfoto auf WhatsApp®**
○ erlaubt	(x) nicht erlaubt
Begründung: Verletzt das Recht am eigenen Bild, Abgebildete muss um Erlaubnis gefragt werden.	
D	**Dani und seine CD-Kopien für alle Freunde**
○ erlaubt	(x) nicht erlaubt
Begründung: Musik-CDs dürfen nicht unbegrenzt für Freunde kopiert werden, nur Privatkopien erlaubt, kopiergeschützte CDs dürfen nicht kopiert werden.	
E	**Tunay und ihre Filmparty**
(x) erlaubt	○ nicht erlaubt
Begründung: Filmvorführung mit gekauften DVDs im PRIVATEN Bereich sind o.k. Fremde Fotos und Texte müssen den Namen des Fotografen oder Autors enthalten. Fremdes Eigentum darf nicht als eigenes ausgegeben werden (Plagiat).	
F	**Erkay und sein Referat mit Fotos und fremden Zitaten**
○ erlaubt	(x) nicht erlaubt
Begründung: ______________________________	
G	**Steffi und ihr Tutorial auf YouTube®**
(x) erlaubt	○ nicht erlaubt
Begründung: Eigene Inhalte dürfen hochgeladen werden, aber ohne fremde Musik etc.	